손자녀를 세우는
52일 기도
습관

손자녀를 세우는
52일 기도 습관

© 생명의말씀사 2023

2023년 12월 6일 1판 1쇄 발행

펴낸이 | 김창영
펴낸곳 | 생명의말씀사

등록 | 1962. 1. 10. No.300-1962-1
주소 | 서울시 종로구 경희궁1길 6 (03176)
전화 | 02)738-6555(본사)・02)3159-7979(영업)
팩스 | 02)739-3824(본사)・080-022-8585(영업)

지은이 | 곽상학, 이도복

기획편집 | 이주나
디자인 | 김혜진
인쇄 | 영진문원
제본 | 다온바인텍

ISBN 978-89-04-16856-9 (03230)

저작권자의 허락 없이 이 책의 일부 또는 전체를
무단 복제, 전재, 발췌하면 저작권법에 의해 처벌을 받습니다.

손자녀를 세우는 52일 기도 습관

곽상학
이도복

조부모인 나 _____는(은)

하나님이 주신

손자녀 _____를 위해

52일 동안 신실하게 기도하기로

다짐합니다.

년   월   일

여호와께서 시온에서 네게 복을 주실지어다
너는 평생에 예루살렘의 번영을 보며
네 자식의 자식을 볼지어다
이스라엘에게 평강이 있을지로다(시 128:5-6).

손자녀를 세우는 52일 기도 습관

✓ 하루하루 기도하며 손자녀의 신앙 성벽을 세워 보세요.

1일	2일	3일	4일	5일	6일	7일
✓						
8일	9일	10일	11일	12일	13일	14일
15일	16일	17일	18일	19일	20일	21일
22일	23일	24일	25일	26일	27일	28일
29일	30일	31일	32일	33일	34일	35일
36일	37일	38일	39일	40일	41일	42일
43일	44일	45일	46일	47일	48일	49일
50일	51일	52일				

52일 성벽 완공을 축하해요!

추천의 글

따스하고 친절한 기도 안내서

 최근 저에게 또 다른 세계가 열렸습니다. 제가 할아버지가 된 것입니다. 첫 번째 손녀가 선물처럼 제 삶으로 찾아온 후 저의 마음은 손녀로 가득 채워졌습니다. 순간순간 생각이 납니다. 밥은 잘 먹었는지, 잠은 잘 잤는지, 건강하게 잘 크고 있는지…. 손녀의 눈부신 성장을 오랫동안 보고 싶다는 기도가 저절로 나오게 됩니다.
 조부모가 줄 수 있는 가장 큰 선물은 무엇일까를 생각해 봅니다. 그래서 기도를 심고 또 심습니다. 손자녀가 하나님을 기뻐하는 예배자로 살아간다면 그보다 행복한 일이 있을까요?
 『손자녀를 세우는 52일 기도 습관』은 조부모들을 따스하고 친절한 기도의 세계로 안내합니다. 하루하루 이 기도문을 따라가다 보면 때로는 감사로, 때로는 감동으로, 때로는 눈물로 기도하는 나 자신을 보게 됩니다. 조부모의 기도는 반드시 기쁨으로 단을 거둘 것입니다. 손자녀의 삶에 방패가 되고 능력이 될 것입니다. 여러분의 기도가 손자녀의 삶에 풍성히 응답되기를 간절히 소원합니다.

이전호 | 충신교회 위임목사 (설아의 할아버지)

습관을 따라 기도하신 예수님처럼

"여호와께서 집을 세우지 아니하시면 세우는 자의 수고가 헛되며 여호와께서 성을 지키지 아니하시면 파수꾼의 깨어 있음이 헛되도다"(시 127:1).

이 시편 말씀처럼 세상의 문화와 수많은 위험에 노출된 세 명의 손자녀를 위해 할아버지가 할 수 있는 최고이자 최선이 바로 기도임을 고백합니다. 습관을 따라 감람산에서 기도하셨던 예수님처럼 『손자녀를 세우는 52일 기도 습관』은 할아버지로서 가져야 할 가장 거룩한 습관인 기도의 길을 친절히 안내해 주는 지침서입니다.

이 책에 쓰인 기도를 통해 우리의 손자녀들이 악하고 음란한 이 세대를 본받지 않고 거룩한 믿음의 세대가 되어 세상을 향해 나아가기를 소망하며, 조부모의 한 사람으로서 『손자녀를 세우는 52일 기도 습관』을 적극 추천합니다.

김태경 | 안양제일교회 장로 (지양, 진우, 시율이의 할아버지)

알알이 맺히는 열매를 바라며

지난날 저의 할머니가 그러셨던 것처럼 저 또한 어느새 하루 세 번씩 주님 앞에 무릎을 꿇는 할머니가 되었습니다. 알알이 맺히는 기도의 열매를 경험하며 오늘도 꽃밭에 물을 주는 마음으로 겸손히 두 손을 모읍니다.

곽상학 목사님과 이도복 목사님이 쓰신 『손자녀를 세우는 52일 기도 습관』은 저와 같이 손자녀를 위해 기도하기 원하는 조부모의 마음과 뜻과 정성이 가득 담긴 책입니다. 하나님께 올려드리는 이 거룩한 기도의 습관을 따라, 믿음의 가정마다 하나님이 주인 되시기를 소망합니다.

이 책을 펴고 기도하는 모든 가정마다 아브라함의 하나님, 이삭의 하나님, 야곱의 하나님이 그 가정의 하나님이 되어 주시기를 간구하며, 삶 속에서 날마다 기도의 꽃을 피우기를 꿈꿉니다.

유옥임 | 안양제일교회 권사 (제인, 레나, 수현, 재현, 승현이의 할머니)

더 깊어지는 조부모의 기도

　한 가정이 신앙 중심으로 살아가기 위해서는 그 누구보다 조부모의 역할이 절실할 것입니다. 『손자녀를 세우는 52일 기도 습관』은 가정을 믿음의 반석 위에 세우기 위해 구체적으로 어떻게 기도해야 할지 가르쳐 주며, 가정에서 어떻게 기도를 생활화할 수 있을지 나침판 역할을 해줍니다. 이 기도를 통해 저를 비롯한 많은 조부모와 자녀, 손자녀가 말씀 안에서 은혜를 경험하고 하나님이 주시는 꿈과 비전을 품게 될 것으로 기대합니다.

　이도복 목사님의 교육 목회 안에서 저의 손자녀가 신앙 교육을 받고 있음이 조부모로서 노년의 삶 가운데 가장 큰 축복이며 은혜입니다. 성경 속 믿음의 유산이 손자녀들에게 아름답게 흘러가기를 소원하며, 손자녀를 두신 모든 조부모님이 이 책을 반드시 읽어보시기를 권면합니다.

정복임 | 충신교회 권사 (규연, 규민이의 할머니)

프롤로그

하늘의 별과 같이 빛날
조부모의 기도

조부모는 손자녀의 영원한 '나의 편'이자 '인생 선배'입니다. 바쁜 부모 세대, 다양한 위험에 노출되기에 쉬운 자녀 세대 사이에서 물리적, 정서적 공간을 메워 줄 수 있는 조부모는 사랑과 훈육을 장착한 든든한 지원군임이 분명합니다. 미국 노스캐롤라이나대학 엘더 교수팀의 종단 연구에 의하면 조부모와 자란 아이들은 학업 성적이 좋고, 자존감이 높아서 삶의 만족도 또한 높다고 밝혔습니다.

 조부모가 손자녀를 키우는 이른바 '격대교육'으로 성공한 인물도 많습니다. 여성 최초 노벨상을 받은 마리 퀴리 부인의 딸, 이렌 퀴리가 대표적입니다. 이렌 퀴리는 어릴 적 퀴리 부부가 연구로 바빠지자, 할아버지와 함께 살며 조부모의 살뜰한 보살핌과 교육에 힘입어 원자물리학자로 자리매김했고 어머니에 이어 노벨상을 받았습니다.

 마이크로소프트 창업주 빌 게이츠도 격대교육의 수혜자입니다. 장난기가 많고 산만한 빌 게이츠를 부모는 늘 걱정했지만, 외할머니는 오히려 그의 호기심과 도전 정신을 발견하고 독서 습관을 비롯한 좋은 습관을 키워주었다고 합니다.

구약성경에 등장하는 느헤미야는 이방 땅 바벨론에서 태어나고 자란 사람입니다. 느헤미야는 그의 조부모 때인 주전 586년, 온 가족과 포로로 끌려갔습니다. 느헤미야는 비록 포로 신분이었지만 자신의 정체성과 사명을 잊지 않았습니다. 바벨론에서 페르시아로 정권이 바뀌었을 때, 느헤미야는 왕의 신임을 얻어 술 맡은 관원이 되고 왕의 허락 아래 고향 예루살렘으로 귀환합니다. 이후 유대 총독으로서 '52일' 만에 성벽을 재건하는 인생 사명을 완수해 냅니다. 그의 신앙 저력은 어디서 왔을까요?

느헤미야의 조부모는 느헤미야 아버지의 이름을 '여호와를 기다리다'라는 뜻의 '하가랴'라고 지었습니다. 이 이름에는 지금은 비록 포로 신세지만 여호와께서 반드시 우리 민족을 예루살렘으로 가게 하실 것을 기다린다는 신앙 고백이 담겨 있습니다. 조부모의 이 기도가 있었기에 느헤미야가 하늘의 별(단 12:3)처럼 빛날 수 있었습니다. 손자녀를 향한 소망을 품고 52일 동안 한 단어, 한 문장 꾹꾹 눌러 기도하는 조부모님이 계신다면, 그 가정은 반드시 믿음의 명가로 세워질 것입니다.

곽상학 목사

프롤로그

하나님의 사랑을 닮은
조부모의 사랑

"조부모의 사랑은 하나님의 사랑과 가장 닮았습니다."

푸른 잎들이 생명력을 뽐내는 따스한 봄날, 믿음의 조부모님들과 나누었던 말입니다. 〈조부모 학교〉를 진행하면서 이렇게 기쁨이 넘치는 시간이 있을까 하는 생각이 들었습니다. 손자녀를 생각할 때, 조부모들의 표정은 천사와도 같았습니다. 손자녀를 향한 기도문을 적을 때는 간절함이 가득했습니다. 손자녀와 함께하고 싶은 버킷리스트(소원)를 작성할 때는 소망이 넘쳤습니다. 모든 시간이 행복으로 가득했습니다.

손자녀에게 줄 수 있는 가장 큰 선물은 무엇일까요? 함께 보내는 시간과 정성껏 준비한 선물도 너무 좋습니다. 하지만 무엇보다 기도의 선물이 가장 값진 선물이 아닐까요?

신앙의 유산! 바로 하나님의 꿈이자 비교할 수 없는 최고의 선물입니다. 조부모의 신앙이 대대에 이르러 손자녀에게 흘러가는 축복입니다. 이제는 손자녀를 보는 것 자체가 매우 귀한 시대가 되었습니다. "보라 자식들은 여호와의 기업이요 태의 열매는 그의 상급이로다"(시 127:3)라는 말씀과 같이 손자녀는 하나님의 가장 귀한 상급이요, 선물입니다.

손자녀를 위해 기도하며 얹는 손은 하나님의 축복이 흘러가는 통로입니다. 손자녀를 향한 조부모의 기도는 응답으로 돌아옵니다. 조부모의 간증은 곧 손자녀의 간증이 됩니다. 하나님은 마침내 손자녀를 하나님의 사람으로 세워 주십니다.

손자녀를 위한 다양한 기도 제목을 선정하고 기도하면서 많은 눈물을 흘렸습니다. 조부모의 내리사랑이 느껴졌기 때문이고, 하나님의 마음을 조금이나마 깨달았기 때문입니다. 우리의 기도는 아름답고 멋지게 심길 것입니다. 하나님은 반드시 철을 따라 풍성한 열매를 허락해 주십니다.

손자녀를 세우는 52일의 기도 습관이 52주가 되고, 365일이 되어 하나님과의 풍성한 은혜를 누리는 시간, 손자녀가 하나님을 만나는 시간이길 간절히 기도합니다.

"그리하면 여호와께서 너희 조상들에게 주리라고 맹세하신 땅에서 너희의 날과 너희의 자녀의 날이 많아서 하늘이 땅을 덮는 날과 같으리라"(신 11:21).

이도복 목사

CONTENTS

추천의 글 **8**
프롤로그 **12**

은혜를 경험하는 손자녀

01일 ǀ 하나님을 사랑하는 손자녀		26
02일 ǀ 예수님의 사랑을 누리는 손자녀		28
03일 ǀ 성령님의 충만을 힘입는 손자녀		30
04일 ǀ 말씀의 은혜를 경험하는 손자녀		32
05일 ǀ 믿음이 성장하는 손자녀		34
06일 ǀ 감사가 넘치는 손자녀		36
07일 ǀ 기쁨을 발견하는 손자녀		38

조부모의 신앙 전수 사명 1
성경에 나타난 신앙 전수   40

비전을 바라보는 손자녀

08일 | 건강한 자존감을 지닌 손자녀   **44**
09일 | 전인적인 강건함을 누리는 손자녀   **46**
10일 | 작은 성취에 감격하는 손자녀   **48**
11일 | 하나님의 꿈을 꾸는 손자녀   **50**
12일 | 하나님의 지혜로 세상을 바라보는 손자녀   **52**
13일 | 열정과 꾸준함을 가진 손자녀   **54**
14일 | 선한 영향력을 전하는 손자녀   **56**

조부모의 신앙 전수 사명 2

기도가 최고의 유산입니다   58

건강한 성품과 습관의 손자녀

15일 | 긍정적인 생각과 건강한 성품의 손자녀   62

16일 | 하나님 말씀을 경청하는 손자녀   64

17일 | 배려로 상대방을 바라보는 손자녀   66

18일 | 책임감으로 끝까지 완주하는 손자녀   68

19일 | 창의적으로 문제를 해결하는 손자녀   70

20일 | 절제의 열매를 드리는 손자녀   72

21일 | 정직함으로 흔들리지 않는 손자녀   74

조부모의 신앙 전수 사명 3
조부모의 신앙 전수는 선택이 아닌 사명입니다   76

관계의 복을 누리는 손자녀

22일 | 좋은 목회자를 만나는 손자녀   80
23일 | 믿음의 선배와 교제하는 손자녀   82
24일 | 믿음의 친구와 성장하는 손자녀   84
25일 | 복된 가정을 이루는 손자녀   86
26일 | 평화의 도구가 되는 손자녀   88
27일 | 하나님과 이웃을 사랑하는 손자녀   90
28일 | 담장을 넘는 복의 통로인 손자녀   92

조부모의 신앙 전수 사명 4
내가 만난 하나님을 손자녀에게 전하겠습니다   94

장래가 열리는 손자녀

29일 ㅣ 때를 따라 돕는 은혜의 단비를 맞는 손자녀 98

30일 ㅣ 힘과 방패이신 하나님을 경험하는 손자녀 100

31일 ㅣ 전문성과 은사를 발휘하는 손자녀 102

32일 ㅣ 시온의 대로가 열리는 은총을 얻는 손자녀 104

33일 ㅣ 목자이신 주님 품에 안기는 손자녀 106

34일 ㅣ 예비하시는 하나님을 찬양하는 손자녀 108

35일 ㅣ 치료의 하나님을 경배하는 손자녀 110

조부모의 신앙 전수 사명 5
함께 만드는 가정 사명문 112

전신 갑주로 무장한 손자녀

36일 | 하나님의 전신 갑주를 입는 손자녀   **116**

37일 | 진리의 허리띠를 굳게 맨 손자녀   **118**

38일 | 의의 호심경으로 견고한 손자녀   **120**

39일 | 평안의 복음이 준비한 신을 신은 손자녀   **122**

40일 | 믿음의 방패로 든든한 손자녀   **124**

41일 | 구원의 투구를 쓴 손자녀   **126**

42일 | 성령의 검을 가진 손자녀   **128**

조부모의 신앙 전수 사명 6
손자녀와 함께하는 신앙 전수 방법   **130**

여호와가 나의 목자이신 손자녀

43일 ǀ 여호와가 목자이심을 고백하는 손자녀	134
44일 ǀ 쉴 만한 물가로 인도받는 손자녀	136
45일 ǀ 영혼이 소생하는 은혜를 경험하는 손자녀	138
46일 ǀ 주의 지팡이와 막대기가 안위하시는 손자녀	140
47일 ǀ 잔의 기름이 넘치는 손자녀	142
48일 ǀ 평생에 선하심과 인자하심이 따르는 손자녀	144
49일 ǀ 여호와의 집에 영원히 거하는 손자녀	146

손자녀를 향한 조부모의 축복

50일 | 아브라함의 하나님, 손자녀의 하나님이 되소서　　150

51일 | 이삭의 하나님, 손자녀의 하나님이 되소서　　152

52일 | 야곱의 하나님, 손자녀의 하나님이 되소서　　154

축복 기도 | 손자녀의 온 몸과 영혼을 축복합니다　　156

부록 : 가정 사명문

+

은혜를 경험하는
손자녀

+

년   월   일

하나님을 사랑하는 손자녀

"대답하여 이르되 네 마음을 다하며 목숨을 다하며 힘을 다하며 뜻을 다하여 주 너의 하나님을 사랑하고 또한 네 이웃을 네 자신 같이 사랑하라 하였나이다"(눅 10:27).

우리의 가장 귀한 사랑을 받기 합당하신 하나님,
사랑하는 손자녀 _____ 가
하나님을 온 맘 다해 사랑하게 하소서.

하나님 만나기를 기쁨으로 여기며
하나님 찬양하기를 최고의 가치로 믿으며
하나님 묵상하기를 행복의 근원으로 삼아
하나님을 가장 사랑한다고 고백하게 하소서.

다윗처럼 마음을 다하여, 에스더처럼 목숨을 다하여
사도바울처럼 힘을 다하여, 다니엘처럼 뜻을 다하여

하나님을 사랑하는 삶으로 인도하소서.
하나님을 사랑하는 그 마음이 더 깊어져서
이웃을 섬기는 폭넓은 사랑의 마음을 부어 주소서.

자신을 사랑할 줄 알되, 자기중심적이지 않아
상대방의 감정을 이해하는 공감 능력과
구체적인 사랑을 실천하는 용기를 주소서.

무엇보다 예수님이 몸소 보이신
사랑과 섬김의 본을 따르게 하소서.
손자녀를 죽기까지 사랑하신 주님의 사랑에
감사하며 눈물짓는, 마음의 온도가 높은
따뜻한 사랑을 소유한 손자녀가 되게 하소서.

우리를 사랑하셔서 모든 것을 내어 주신
예수님의 이름으로 기도합니다. 아멘.

예수님의 사랑을 누리는 손자녀

"그러므로 우리가 믿음으로 의롭다 하심을 받았으니
우리 주 예수 그리스도로 말미암아 하나님과 화평을 누리자"
(롬 5:1).

은혜와 긍휼을 베푸시는 하나님,
사랑하는 손자녀 _____ 가
예수님의 사랑받는 자녀임을 고백하게 하소서.
예수님의 성품을 닮게 하셔서
지혜와 키가 균형 있게 성장하게 하시고
주님의 온유하심을 더욱 닮아
안정감 있게 자라게 하소서.

예수님이 허락하신 구원의 감격을 놓치지 않고
마음과 삶에 품으며 다윗과 같이 노래하며
이웃에게 전하는 삶을 살게 하소서.

사랑하는 손자녀 _____ 가
예수님의 말씀을 사랑하게 하셔서
예수님이 행하신 일들에 감사하며
하나님과 평생 화평의 은혜를 누리게 하소서.

손자녀 인생의 순간순간마다
예수님과 동행함을 감격하며 고백하게 하시고
결국 예수님이 나의 모든 것 되심을 믿으며
'아멘'으로 화답하게 하소서.

구원을 허락하시고 화평을 누리게 하시는
예수님의 이름으로 기도합니다. 아멘.

성령의 충만을 힘입는 손자녀

"바나바는 착한 사람이요 성령과 믿음이 충만한 사람이라 이에 큰 무리가 주께 더하여지더라"
(행 11:24).

성령을 선물로 보내 주시고
놀라운 기쁨을 허락하신 하나님,
감사와 영광을 올려 드립니다.

사랑하는 손자녀 _____ 가
우리를 도우시는 보혜사 성령님과
삶의 모든 순간마다 동행하며,
성령님이 말할 수 없는 탄식으로
기도해 주심을 믿으며 감사하게 하소서.

손자녀가 바나바와 같이 성령과 믿음이 충만하여

사람과 이웃에게 착한 사람이 되게 하시고
손자녀를 통해 큰 무리가 주님께 돌아오는
믿음의 역사를 허락하여 주소서.

손자녀의 믿음을
굳건하게 하시는 성령 하나님,
진리의 영으로 오셔서 거짓을 분별하게 하시고
지혜의 영으로 이끄셔서 하나님을 아는 마음을 부으시고
능력 있는 삶을 살도록 인도하소서.

우리 안에 거하시는 성령님의 역사로
사랑하는 손자녀 _____ 의 삶에
아름다운 일들이 나타나고 드러나게 하소서.

하나님의 말씀을 가르치시고 생각나게 하시는
예수님의 이름으로 기도합니다. 아멘.

04일

년　월　일

말씀의 은혜를 경험하는 손자녀

"내가 전심으로 주께 간구하였사오니
주의 말씀대로 내게 은혜를 베푸소서"
(시 119:58).

말씀으로 찾아오시고 만나 주시는 하나님,
사랑하는 손자녀 ＿＿＿＿＿에게
말씀을 사모하며
주야로 묵상하는 은혜를 주소서.
진리의 말씀인 성경을 가장 가까이하여
질문이 있을 때, 외로울 때, 답답할 때,
감사할 때, 행복할 때, 눈물 흘릴 때,
평안을 얻을 때, 기쁨을 고백할 때,
어느 때일지라도 말씀에서 답을 얻게 하소서.

진리의 말씀을 지키기 위해 흔들리지 않는 용기를

은혜의 말씀을 받기 위해 사모하는 간절함을
능력의 말씀을 누리기 위해 기도하는 균형을
골고루 부어 주시고 말씀을 사모하게 인도하소서.

말씀의 은사를 허락하셔서
말씀을 올바로 이해할 수 있는 지혜를
말씀을 많이 암송할 수 있는 지식을 부어 주셔서
은혜의 자리에 늘 거하게 하소서.

말씀을 들을 때 손자녀의 마음을 활짝 열게 하셔서
믿음이 성장하게 하시고
그리스도의 장성한 분량에 이르는
생명력 넘치는 그리스도인 되게 하소서.

말씀이 육신이 되어 우리 가운데 거하시는
예수님의 이름으로 기도합니다. 아멘.

년 월 일

믿음이 성장하는 손자녀

"의인은 종려나무 같이 번성하며
레바논의 백향목 같이 성장하리로다"
(시 92:12).

우리에게 믿음을 주시는 하나님,
사랑하는 손자녀 _____ 가
믿음의 진보가 매일 일어나
시온의 대로가 펼쳐지는 삶이 되게 하소서.

출애굽한 백성에게 펼쳐진 종려나무 70주처럼
믿음의 거목이 되어
쉼과 회복을 누리고 전하게 하소서.

하나님의 성전 건축에 쓰인 백향목처럼
믿음이 단단하고 굳건하게 하셔서

사랑하는 손자녀의 삶이
결코 변하지 않는 믿음의 소유자가 되게 하소서.

예수님이 칭찬하신 믿음의 사람들처럼
겨자씨 같은 믿음으로 산을 옮기며,
물 위를 걸으신 주님의 부르심에 순종하며
시대를 변화시키는 믿음의 용사로 인도하소서.

세상을 따라가지 않으며
오직 믿음으로 살겠다는 손자녀의 결단이
흔들리지 않게 하소서.

날마다 우리에게 믿음을 허락하시는
예수님의 이름으로 기도합니다. 아멘.

년　월　일

감사가 넘치는 손자녀

"하나님이여 우리가 주께 감사하고 감사함은
주의 이름이 가까움이라
사람들이 주의 기이한 일들을 전파하나이다"(시 75:1).

감사의 이유가 되시는 하나님,
사랑하는 손자녀 _____ 가 어떤 상황에서도
감사를 발견하고 고백하게 하소서.

불평과 불안과 두려움을 말하는 시대에서
감사의 보화를 찾는 지혜를 허락하시고
감사의 능력을 경험하며 주님의 권능을 닮아가는
감사의 사람으로 인도하소서.
감사의 이유와 원인이 주님께 있음을 깨달아
나의 노력과 결과로 여기는 마음을 넘어서
하나님의 이끄심을 감사하게 하소서.

아침에 일어날 때, 새 하루를 주신 하나님께 감사하며
일상을 살아갈 때, 동행하시는 예수님께 감사하며
하루를 마무리할 때, 위로하시는 성령님께 감사하여
하루가 감사로 채워졌음을 발견하게 하소서.

감사를 헤아릴 수 있는 지혜를 주셔서
과거에 베푸신 일을 '계속' 감사하고
오늘 역사하시는 은혜에 '바로' 감사하며
미래에 예비하실 소망에 '미리' 감사하여
사랑하는 손자녀 _____의 전 생애가
아름다운 감사의 여정이 되게 하소서.

감사의 제목을 날마다 새롭게 부어 주시는
예수님의 이름으로 기도합니다. 아멘.

기쁨을 발견하는 손자녀

"여호와의 속량함을 받은 자들이 돌아오되 노래하며 시온에 이르러 그들의 머리 위에 영영한 희락을 띠고 기쁨과 즐거움을 얻으리니 슬픔과 탄식이 사라지리로다"(사 35:10).

풍성한 기쁨을 허락하시는 하나님,
사랑하는 손자녀 _____ 에게 기쁨과 즐거움으로
주님을 섬기는 은혜를 부어 주소서.
곡식과 새 포도주가 풍성할 때보다
하나님으로 인한 기쁨이 손자녀에게 넘치게 하시고
외양간에 송아지가 없을지라도
오직 여호와로 인하여 기뻐하는 마음을 주소서.

기뻐하는 자에게 임하는 형통함을 받게 하셔서
손자녀의 닫힌 삶의 문들이 환하게 열리게 하시고
찬송의 능력으로 풀어지는 역사를 주소서.

눈물을 흘리는 순간이 찾아올지라도
손자녀에게 베푸시는 영원한 희락과 기쁨을 소망하며
슬픔이 바뀌고 탄식이 변화되는
놀라운 영적인 능력을 힘입게 하소서.

구원을 베푸실 전능자 하나님이
사랑하는 손자녀 _____ 를 향한
기쁨을 이기지 못하시며
잠잠히 사랑하시며
즐거이 부르시며 기뻐하시는
하나님이심을 고백하게 하소서.

모든 기쁨과 즐거움의 이유이신
예수님의 이름으로 기도합니다. 아멘.

조부모의 신앙 전수 사명 ❶

성경에 나타난 신앙 전수

"이는 네 속에 거짓이 없는 믿음이 있음을 생각함이라 이 믿음은 먼저 네 외조모 로이스와 네 어머니 유니게 속에 있더니 네 속에도 있는 줄을 확신하노라"(딤후 1:5).

믿음의 조부모는 평생 하나님을 아름답고 멋지게 섬겨 오신 분들입니다. 하나님은 우리에게 자녀를 허락하셨을 뿐만 아니라, 손자녀를 보는 축복을 주셨습니다. 이 복은 하나님이 주신 복 중의 복입니다. 조부모의 사랑은 매우 특별합니다. 하나님의 사랑을 닮아, 넓고도 깊은 사랑의 모습을 가지고 있기 때문입니다. 포용해 주고, 이해해 주고, 안아 주고, 날개 아래 품어 주는 사랑입니다. 또한 조부모는 인생의 많은 경험을 지니고 있기에 손자녀가 걸어가야 할 인생에 대한 좋은 가이드 역할을 해줄 수 있습니다.

하나님은 이러한 조부모의 신앙이 손자녀에게 흘러가기를 원하십니다. 성경에는 다양한 형태로 조부모의 믿음이 손자녀에게 이어지는 모습을 볼 수 있습니다. 아브라함의 믿음은 이삭과 야곱에게 흘러갑니다.

하나님이 스스로를 나타내실 때, 꼭 강조하시는 표현이 있습니다. 바로 '아브라함의 하나님, 이삭의 하나님, 야곱의 하나님'이심을 말씀하십니다. 3대로 흐르는 믿음의 유산을 강조하십니다.

성경에는 다양한 가정의 상황을 통해 신앙이 전수된 이야기들이 등장합니다. 신실하고 진실한 믿음을 가진 차세대 지도자 디모데는 외조모 로이스로부터 믿음을 전수받았습니다. 디모데는 외조모의 믿음을 따라 바울을 도와 이방인 선교에 앞장섭니다. 사도바울은 그런 디모데를 '믿음의 아들'로 삼기도 합니다.

성경에는 확대된 신앙 전수의 모습도 나타납니다. 에스더는 부모가 없었지만, 친척 모르드개를 통해 신앙을 전수받아 이스라엘 민족을 구원하는 놀라운 역사를 일으킵니다. 이는 다양한 가족의 구성원이 신앙 전수에 적극적으로 참여하게 하는 좋은 본보기가 됩니다. 이처럼 부모나 조부모가 직접적인 영향력을 끼치기 어려운 가정의 경우, 가까운 친척들의 지원이 필요합니다. 하나님은 각 가정마다 믿음의 유산이 아름답게 흘러가길 원하십니다. 시편 기자는 우리의 샬롬과 평강이 어디서 오는지 말씀해 줍니다.

"여호와께서 시온에서 네게 복을 주실지어다 너는 평생에 예루살렘의 번영을 보며 네 자식의 자식을 볼지어다 이스라엘에게 평강이 있을지로다"(시 128:5-6).

노년의 우리에게 가장 큰 복은 무엇일까요? 자녀와 손자녀가 믿음으로 살아갈 때 그보다 큰 축복은 없을 것입니다. 신앙 전수는 하나님의 꿈이며, 우리의 간절한 소망입니다.

비전을 바라보는
손자녀

년　　월　　일

건강한 자존감을 지닌 손자녀

"성령이 비둘기 같은 형체로 그의 위에 강림하시더니
하늘로부터 소리가 나기를 너는 내 사랑하는 아들이라
내가 너를 기뻐하노라 하시니라"(눅 3:22).

우리를 왕 같은 제사장으로 불러 주신 하나님,
사랑하는 손자녀 _____ 가
자신이 하나님의 사랑받는
은혜의 자녀임을 깨닫게 하소서.

숫자와 수치로 사람을 평가하는 시대에서
자존감의 근원이 나의 어떠함에 있지 않고
하나님의 자녀라는 사실이
손자녀의 가장 큰 자산과 확신이 되게 인도하소서.
예수님이 하나님으로부터 들으신,
"너는 내 사랑하는 아들이라 내가 너를 기뻐하노라"라는

이 사랑의 음성이 손자녀의 귓가에도
명확하고 분명하게 들리게 하소서.

예상하지 못한 어려움과 난관을 맞아도
흔들리지 않는 견고한 자존감으로
다시 회복하고 일어설 용기를 허락하소서.

하나님께 사랑받는 자녀가 얼마나 아름다운지
예수님께 칭찬받는 자녀가 얼마나 든든한지
성령님과 동행하는 자녀가 얼마나 행복한지
삶에서 증거하며 선포하는 손자녀가 되게 하소서.

우리를 언제나 사랑하시고 인정해 주시는
예수님의 이름으로 기도합니다. 아멘.

년   월   일

전인적인 강건함을 누리는 손자녀

"이르되 큰 은총을 받은 사람이여 두려워하지 말라 평안하라 강건하라 강건하라 그가 이같이 내게 말하매 내가 곧 힘이 나서 이르되 내 주께서 나를 강건하게 하셨사오니 말씀하옵소서"(단 10:19).

우리의 영과 혼과 육을 강건하게 하시는 하나님,
사랑하는 손자녀 _____ 가
전인격적인 은혜를 누리며
마음과 몸과 영이 균형 있는 성장을 이루게 하소서.

힘이 없고 근심하던 다니엘을 찾아오셔서
어루만지시고 강건하게 하신 것처럼,
두려움에 지쳐 숨어 있던 엘리야를
먹이시고 마시게 하셔서 회복케 하신 것처럼,
사랑하는 손자녀 _____ 에게
강건함으로 다시 일어서는 영적 만남을 허락해 주소서.

연약한 생각에서 속히 일어날 힘을 주시고
죄악 된 길에 서지 않는 결단을 주시며
오만한 자의 길에 앉지 않는 분별을 주셔서
늘 복 있는 사람으로 말씀을 붙들며 살게 하소서.

하나님의 은총을 받은 손자녀가
두려워하는 마음이 아닌 평안으로
염려하는 마음이 아닌 능력과 사랑과 절제로
강건한 길을 걸어가게 하소서.
무엇보다 하나님의 영광을 찾을 때마다
손자녀의 속사람을 능력으로 강건하게 덧입혀 주소서.
사랑 가운데 뿌리가 박히고 터가 굳어져서
하나님의 모든 충만하심으로 가득하게 하소서.

영혼이 잘됨 같이 범사에 잘되고 강건케 하시는
예수님의 이름으로 기도합니다. 아멘.

년 월 일

작은 성취에 감격하는 손자녀

"일을 행하시는 여호와, 그것을 만들며 성취하시는 여호와, 그의 이름을 여호와라 하는 이가 이와 같이 이르시도다"
(렘 33:2).

모든 행사와 길을 인도하시는 하나님,
사랑하는 손자녀 _____ 가
삶의 중요한 과제를 만날 때
성취의 기쁨을 맛보게 하소서.

일상에서 작은 성공을 자주 경험하게 하시고
그 성취가 자신이 아닌 하나님으로부터 내려옴을
입술로 시인하며 고백하는 믿음을 주소서.

손자녀가 혹여 실패를 경험할지라도
다시 도전할 수 있는 용기와 담대함을 주시고

낙심하지 않게 하셔서 포기하지 않을 때
반드시 거두게 하시는 주님을 신뢰하게 하소서.

사랑하는 손자녀 _____ 가
모든 상황 속에서
하나님의 보이지 않는 손이 행하심을 바라보며
하나님의 능력의 손을 찬양할 때
하나님의 일하심을 풍성히 경험하게 하소서.

작은 성공을 경험할 때마다 감사하게 하셔서
마침내 크고 놀라운 성취를 경험할 때
모든 것이 하나님의 은혜임을 선포하는
감동과 감격과 감사가 살아 있는 손자녀 되게 하소서.

모든 일을 행하시고 성취하시는
예수님의 이름으로 기도합니다. 아멘.

하나님의 꿈을 꾸는 손자녀

"하나님이 이 네 소년에게 학문을 주시고
모든 서적을 깨닫게 하시고 지혜를 주셨으니
다니엘은 또 모든 환상과 꿈을 깨달아 알더라"(단 1:17).

놀라운 비전과 꿈을 주시는 하나님,
사랑하는 손자녀 _____ 가
영의 생각이 확장되며 열리게 하소서.

하나님이 다니엘과 세 친구에게 부어 주신
지혜와 명철과 학문의 넓은 이해를 주셔서
손자녀가 하나님의 지혜로움을 닮게 인도하소서.

하나님의 경이로우신 창의성을 본받아
늘 새로운 시선으로 바라보게 하시고
창조적인 사고와 지혜가 빛나게 하소서.

다니엘에게 모든 꿈과 환상을 깨닫게 하신 것처럼
사랑하는 손자녀 _____가
문제와 상황의 흐름을 조망하는 넓은 시야와
작은 것에 흔들리지 않는 비전을 품게 하소서.

잇사갈 자손의 리더 200명이 시세를 알고
모든 형제를 통솔하는 리더십을 발휘한 것처럼
겸손의 리더십, 섬김의 리더십을 갖추게 하소서.

깨닫게 하시고 더 높은 곳을 바라보게 하시는
예수님의 이름으로 기도합니다. 아멘.

년 월 일

하나님의 지혜로 세상을 바라보는 손자녀

"지혜 있는 자는 궁창의 빛과 같이 빛날 것이요
많은 사람을 옳은 데로 돌아오게 한 자는
별과 같이 영원토록 빛나리라"(단 12:3).

지혜와 계시를 부어 주시는 하나님,
사랑하는 손자녀 _____ 에게
지혜로우신 예수님을 닮아
반석 위에 집을 짓는 은혜를 주소서.

다니엘의 담대한 지혜를 닮아
우상의 길을 선택하지 않고
믿음의 길, 은혜의 길을 선택할 때
반드시 갚아 주시는 하나님의 손길을 보게 하소서.

솔로몬과 같이 듣는 마음을 구하게 하셔서

선악을 분별할 수 있는 능력을 주시고
솔로몬에게 더하신 지혜와 총명의 은혜를 받아
하나님을 위해 값지게 쓰게 하소서.

사랑하는 손자녀 ＿＿＿＿＿＿ 가
하나님의 지혜로
궁창의 빛과 같이 빛나는 인생이 되며
복음을 전할 때 사람의 말과 지혜로 하지 않고
성령님의 지혜로 전하게 하소서.

그리하여 많은 사람을 옳은 데로 돌아오게 하여
별과 같이 영원토록 빛나는 지혜로운 삶으로
하나님께 칭찬받는 청지기가 되게 하소서.

선한 데 지혜롭게 하시는
예수님의 이름으로 기도합니다. 아멘.

열정과 꾸준함을 가진 손자녀

"이는 남은 자가 예루살렘에서 나오며
피하는 자가 시온 산에서 나올 것임이라
만군의 여호와의 열심이 이를 이루시리이다"(사 37:32).

성실하시며 진실하신 하나님,
사랑하는 손자녀 _____ 가 하나님의 열심을 본받아
자신에게 주어진 일을 포기하지 않으며
끝까지 인내로 나아가게 하소서.

사도바울의 고백처럼
복음을 위하여 선한 열심을 품는
끈기와 도전의 사람으로 인도하소서.

빠르게 변하고 쉽게 포기하는 시대에
하나님을 향한 마음을 품는 사랑의 열매를,

예배와 경건의 자리를 지키는 충성의 열매를,
다른 것에 쉽게 마음을 빼앗기지 않는 절제의 열매를
더 많이 맺게 하소서.

적극적인 태도와 책임감을 갖게 하시고
달려갈 길과 주 예수께 받은 사명을
영화롭게 완주하는 믿음의 길을 걷게 하소서.

무슨 일을 할 때 자신의 열심으로 하지 않고
여호와의 열심이 결국 이루심을 보게 하셔서
사랑하는 손자녀 _____ 가
하나님의 비밀의 경륜을 발견하는
영광을 누리게 하소서.

아침마다 인자하시며 밤마다 성실을 베푸시는
예수님의 이름으로 기도합니다. 아멘.

년 월 일

선한 영향력을 전하는 손자녀

"또 그들에게 하나님의 선한 손이 나를 도우신 일과
왕이 내게 이른 말씀을 전하였더니 그들의 말이 일어나 건축하자 하고
모두 힘을 내어 이 선한 일을 하려 하매"(느 2:18).

선하시고 자비하신 아버지 하나님,
사랑하는 손자녀 _____ 에게
선한 손의 역사를 부어 주시고
도우시는 하나님의 이름으로 찾아와 주시니
감사와 영광과 찬송을 올려 드립니다.

사랑하는 손자녀 _____ 에게
느헤미야처럼 민족과 나라의 아픔에
기도의 손을 모으며 눈물을 흘리는
애국의 마음을 주시고
손자녀의 자리에서 무릎을 꿇는 신앙을 주소서.

느헤미야의 믿음을 본받게 하셔서
자신의 능력만을 과신하지 않으며
겸손함으로 하나님의 선하신 손의 능력을 앞세우며
승리의 노래를 부르며 행진하도록 인도하소서.

말과 행동과 마음이 예수님을 닮게 하셔서
어려운 일일지라도 뒤로 물러서지 않고
다른 사람에게 힘과 용기를 안기며
선한 영향력을 전하는 주님의 사람이 되게 하소서.

이 세대를 본받지 않으며 마음을 새롭게 함으로
하나님의 선하시고 기뻐하시고 온전하신 뜻을
분별하여 행하는 믿음의 손자녀가 되게 하소서.

환난 날에 산성이 되시는
예수님의 이름으로 기도합니다. 아멘.

조부모의 신앙 전수 사명 ❷

기도가 최고의 유산입니다

야곱은 사랑하는 아들 요셉을 향한 놀라운 축복을 합니다. 요셉은 '샘 곁의 무성한 가지'로, 그의 가지가 담을 넘을 만큼 강한 생명력을 가지게 될 것을 말합니다. 야곱의 이 축복은 아들 요셉에게 풍성히 흘러갑니다.

"네 아버지의 축복이 내 선조의 축복보다 나아서 영원한 산이 한 없음 같이 이 축복이 요셉의 머리로 돌아오며 그 형제 중 뛰어난 자의 정수리로 돌아오리로다"(창 49:26).

사실 이 축복이 있기 전, 야곱은 손자들을 축복합니다. 요셉의 아들 에브라임과 므낫세를 향한 기도입니다. 야곱은 손자들을 만날 때, 하나님이 그에게 행하신 일들을 떠올렸습니다. 요셉을 잃은 고통이 너무나 컸지만, 하나님은 결국 모든 것을 회복시키셨습니다. 그토록 그리워한 요셉을 만나게 하셨을 뿐만 아니라 손주 에브라임과 므낫세를 보는 큰 복을 더하셨습니다. 이제 조부모인 야곱은 손자녀를 향한 특별한 사랑과 헌신을 표현하며 축복합니다.

"… 애굽에서 네가 낳은 두 아들 에브라임과 므낫세는 내 것이라 르우벤과 시므온처럼 내 것이 될 것이요"(창 48:5).

르우벤은 야곱의 첫째 아들이며, 시므온은 둘째 아들입니다. 이는 에브라임과 므낫세가 마치 야곱의 첫째 아들, 둘째 아들과 같은 권리를 누릴 것이라는 할아버지의 마음이 담긴 축복이었습니다. 즉, 야곱은 조부모로서 최선을 다하는 모습을 보여줍니다. 야곱의 이러한 축복은 손자 에브라임과 므낫세가 이스라엘 열두 지파에 속하는 복으로 이어집니다.

조부모의 축복은 자녀의 머리로 흘러갑니다. 야곱의 고백처럼 자녀의 정수리로 반드시 돌아옵니다. 야곱의 축복은 요셉에게 먼저 흐른 후에 손자녀인 에브라임과 므낫세의 머리와 삶으로 아름답게 흘러갑니다.

야곱의 인생은 이렇게 신앙 전수로 마무리됩니다. 그의 표현에 따르면 야곱은 '험악한 세월'을 보냈지만 결말은 아름다운 여정으로 마무리지었습니다. 가장 아름다운 신앙을 유산으로 물려줄 때, 조부모는 세상이 줄 수 없는 행복을 누릴 것입니다.

손자녀를 향한 조부모의 기도는 결코 땅에 떨어지지 않습니다. 하나님이 이 일을 반드시 이루실 것입니다.

건강한 성품과 습관의 손자녀

15일   년   월   일

긍정적인 생각과 건강한 성품의 손자녀

"너희는 여호와께서 너희를 위하여 행하신 그 큰 일을 생각하여 오직 그를 경외하며 너희의 마음을 다하여 진실히 섬기라"
(삼상 12:24).

새롭게 하시고 변화시키시는 하나님,
사랑하는 손자녀 _____ 의 마음에
부정적 생각과 상처들이 사라지고
매사에 밝고 긍정적인 생각으로 가득하게 하소서.
하나님의 거룩하신 손길로 회복이 일어나
눈을 들어 하나님이 행하실 큰 일을 바라보게 하소서.

손자녀를 하나님의 형상대로 지으시고
다양한 성품을 통해 하나님을 알게 하시니 감사합니다.
하나님의 아름다운 성품을 닮아가고
건강한 몸과 마음으로 성장하게 하소서.

거룩하신 하나님을 신뢰하고
부모에게 순종하며
인내와 용기와 책임감을 가진
사랑하는 손자녀 _____ 가 되게 하소서.

하나님을 진실로 사랑하는
믿음의 사람이 되게 하시고,
긍정적인 생각과 건강한 성품으로
이웃과 세상을 향해 그리스도의 향기를 전하는
거룩한 인생을 사는 손자녀가 되게 하소서.

온유하고 겸손하신
예수님의 이름으로 기도합니다. 아멘.

년　　월　　일

하나님 말씀을 경청하는 손자녀

"여호수아가 이스라엘 자손에게 이르되
이리 와서 너희의 하나님 여호와의 말씀을 들으라 하고"
(수 3:9).

풍성한 말씀으로 먹이시는 하나님,
이 세상을 하나님의 말씀으로 창조하신 것처럼
사랑하는 손자녀 _____ 도
하나님 말씀으로 날마다 성장하게 하소서.
손자녀가 말씀을 듣고 읽을 때마다
깨닫는 지혜를 주시고
그 말씀을 기준 삼아 인생을 살게 하소서.

사랑하는 손자녀 _____ 가
하나님의 말씀을 사랑하고
하나님의 말씀을 경청하게 하소서.

손자녀의 걸음걸음마다 말씀의 빛을 비추시고
생명의 말씀이신 예수님과 동행하게 하소서.
진리 안에서 진정한 자유를 맛보게 하시고
말씀으로 위로받고 힘을 얻게 하소서.

음란한 세대 속에서
하나님의 말씀으로 무장하게 하시고
악한 세상에서 손자녀의 믿음이
흔들리지 않게 하소서.
방황하는 영혼에게 빛이 되는
복음의 삶을 살게 하소서.

말씀을 통해 형통케 하시는
예수님의 이름으로 기도합니다. 아멘.

17일

년 월 일

배려로 상대방을 바라보는 손자녀

"하나님이 솔로몬에게 지혜와 총명을 심히 많이 주시고 또 넓은 마음을 주시되 바닷가의 모래 같이 하시니"
(왕상 4:29).

좋은 성품과 지혜를 주시는 하나님,
사랑하는 손자녀 _____ 가
하나님이 주신 가족 공동체를 통해
배려와 존중을 배우게 하소서.
경쟁심과 이기심으로 가득한 세상 속에서
주님의 사랑을 베푸는 손자녀가 되게 하소서.

억울하고 불리한 상황 속에서도
손자녀에게 주님의 마음을 부어 주셔서
기꺼이 이해하고 용납하게 하소서.
모든 인간관계 속에서 기쁨을 누리게 하소서.

겉으로 보이는 모습보다
내면을 소중히 여기고
다른 이의 지친 마음까지도 어루만지는
따뜻한 손자녀, 따뜻한 그리스도인 되게 하소서.

사랑하는 손자녀 _____에게
솔로몬의 지혜와 총명을 주셔서,
매 순간 옳고 그름을
정확하게 분별하게 하소서.
상황에 맞는 지혜로운 말과 온전한 행실로
하나님과 사람들에게 기쁨이 되게 하소서.

온전한 사랑을 보여주신
예수님의 이름으로 기도합니다. 아멘.

책임감으로 끝까지 완주하는 손자녀

"그리스도는 하나님의 집을 맡은 아들로서 그와 같이 하셨으니
우리가 소망의 확신과 자랑을 끝까지 굳게 잡고 있으면
우리는 그의 집이라"(히 3:6).

믿음과 사명을 주시는 하나님,
사랑하는 손자녀 _____ 에게
금보다도 귀한 믿음을 주셔서
이 땅에 손자녀를 보내신 하나님의 뜻을 따라
세상을 살게 하소서.

힘든 상황에 처하거나
고난을 당할 때라도
낙심하거나 낙망하지 않게 하시고
주님 주시는 믿음의 힘으로
떨치고 일어서게 하소서.

하나님이 주신 소명을 가슴에 품고
책임감과 인내를 가지고
주어진 믿음의 경주를 힘있게 완주하게 하소서.

사랑하는 손자녀 _____ 가
예수님이 이루신 십자가 사랑을 기억하고
충성으로 자신이 받은 소명을 감당하게 하소서.

이 세상의 유혹과 풍조를 따라 살지 않고
세상을 변화시키는 믿음의 자녀로 살게 하소서.
천국에 대한 확실한 소망을 가지고
주님의 강한 군사로 승리하게 하소서.

오늘도 힘과 용기를 주시는
예수님의 이름으로 기도합니다. 아멘.

년 월 일

창의적으로 문제를 해결하는 손자녀

"여호와를 경외하는 것이 지혜의 근본이요
거룩하신 자를 아는 것이 명철이니라"
(잠 9:10).

반석이요 피할 바위이신 하나님,
사랑하는 손자녀 _____ 가
인생길에서 만나는 문제 앞에서
두려워하거나 불안하지 않게 하소서.
문제보다 더 크신 하나님을 의지함으로
손자녀의 모든 인생 문제가
하늘의 지혜로 풀리는 경험을 하게 하소서.

긍정적이고 창의적인 생각을 갖게 하시고
크고 작은 문제들을 해결할 수 있는
지혜와 명철을 주소서.

사랑하는 손자녀 _____ 가
하나님 안에서 꿈과 비전을 품게 하시고
하나님의 영광을 위해 쓰임받게 하소서.
어디를 가든지 무엇을 하든지 동행하여 주시고
요셉처럼 형통한 삶을 살게 하소서.

집중력과 문제해결력을 주셔서
주어진 일에 최선을 다하고
배우는 일에 열정을 갖고 성장하게 하소서.
하나님의 크고 놀라운 섭리를
찬양하고 기뻐하는 주의 자녀 되게 하소서.

구하는 자에게 후히 주시는
예수님의 이름으로 기도합니다. 아멘.

년　월　일

절제의 열매를 드리는 손자녀

"하나님이 우리에게 주신 것은 두려워하는 마음이 아니요
오직 능력과 사랑과 절제하는 마음이니"
(딤후 1:7).

풍성한 은혜를 주시는 하나님,
사랑하는 손자녀 _____ 가
하나님이 허락하신 모든 것을
지혜롭게 누리고 절제하며 살게 하소서.
찰나에 집착하거나 욕심내지 않고
영원한 것에 가치를 두고 소망을 품게 하소서.

말과 행동을 조절할 힘을 주시고,
감정에 치우친 경솔한 결정을 피하게 하소서.
예수님의 사랑과 인내를 기억하며
오래 참음을 본받게 하소서.

하나님이 주신 능력과 사랑과 절제로
주님의 선하심을 본받아 살게 하소서.

사랑하는 손자녀 _____ 의 삶에
성령의 열매가 맺혀서
복음이 확장되고
하나님의 영광이 나타나게 하소서.
하나님의 소유 된 백성으로
주님의 아름다운 덕을 선포하며 살게 하소서.

참된 평안을 주시는
예수님의 이름으로 기도합니다. 아멘.

21일

년 월 일

정직함으로 흔들리지 않는 손자녀

"하나님이여 내 속에 정한 마음을 창조하시고
내 안에 정직한 영을 새롭게 하소서"
(시 51:10).

거룩하시고 의로우신 하나님,
사랑하는 손자녀 _____ 의 마음을
깨끗하게 씻어 주시고 새롭게 하사
악한 생각과 잘못된 가치관이 들어가지 않게 하소서.
거짓과 어둠의 영이 틈타지 못하도록 지켜 주시고
진리와 빛이신 예수님이
손자녀의 인생을 다스려 주소서.

신실한 믿음을 가진 자로서 흔들리지 않게 하시고
매 순간 정직을 선택하여
칭찬과 인정을 받게 하소서.

세상의 헛되고 거짓된 행복에 속지 않게 하시고
하나님이 주시는 참된 평안과 행복을
간절히 찾게 하소서.

진실한 믿음의 친구들을 만나게 하시고
주 안에서 함께 교제하며
다듬어지고 성장하게 하소서.

사랑하는 손자녀 _____ 를
정직한 영으로 새롭게 하셔서
이전에 가진 거짓과 슬픔과 억눌림이 사라지고
참된 자유와 기쁨을 마음껏 누리게 하소서.

날마다 소망을 주시는
예수님의 이름으로 기도합니다. 아멘.

조부모의 신앙 전수 사명 ❸

조부모의 신앙 전수는
선택이 아닌 사명입니다

한국교회는 '동방의 예루살렘'이라 불릴 정도로 믿음의 유산이 찬란하게 전해지는 은혜를 입었습니다. 그러나 최근 한국교회는 큰 어려움을 겪고 있습니다.

코로나 이후 3040 부모 세대의 신앙과 다음 세대의 신앙 하락 현상이 급격하게 일어나고 있기 때문입니다. 대한민국 국민의 전체 출산율 감소는 사회적인 우려를 낳고 있습니다. 안타까운 것은 교회 안의 다음 세대 인구 감소는 자연 감소 현상보다 빠르게 진행될 것으로 예상된다는 점입니다.

이런 상황 가운데서도 하나님은 우리에게 손자녀를 선물로 주셨습니다. 이들은 나의 손자녀이기 전에 하나님의 소유 된 백성입니다. 얼마나 귀하고 존귀한지요! 하나님은 우리 손자녀를 너무도 사랑하십니다.

얼마 전 제가(이도복) 섬기는 교회에서 조부모를 대상으로 설문조사를 실시했습니다.

"손자녀 세대의 신앙에 우선적인 책임이 누구에게 있다고 생각하십니까?"

이 질문에 부모의 우선적 책임을 94%로 꼽았으나, 조부모 또한 무려 39%의 책임이 있다고 답변했습니다(중복 응답). 이는 담당 목회자(6.5%)와 교회학교 교사(13.1%)보다도 압도적으로 큰 영향력과 책임을 느끼고 있다는 응답입니다. 더 나아가 조부모들은 손자녀에게 신앙을 지도할 수 있도록 교회가 도와주길 원했습니다. 손자녀와 함께할 수 있는 가정예배 자료와 대화 방법을 구체적으로 알고 싶어 했습니다. 이전보다 손자녀를 향한 신앙 전수의 열망은 점점 더 커져감을 알 수 있습니다.

미국교회는 조부모가 다음 세대의 신앙 전수에 부모와 버금가는 영향력을 줄 수 있음을 오래전부터 주목했습니다. 실제로 미국의 'D6'(신명기 6장) 기관은 조부모와 손자녀가 나눌 수 있는 대화 주제 목록, 미디어 교육 자료, 기도 자료, 조부모 훈련 자료 등을 다양하게 제시하며 조부모가 신앙 전수에 적극적인 역할을 하도록 지원하고 이 역량을 강화하는 움직임을 보이고 있습니다.

신앙 전수는 선택이 아닌 사명입니다. 조부모는 손자녀를 위한 기도와 함께 신앙 전수를 위한 다양한 시도를 해야 합니다. 손자녀라는 최고의 선물을 주신 하나님께 최선의 영광을 올려 드려야 합니다. 조부모의 기도와 헌신은 하나님의 마음을 시원케 할 뿐만 아니라 한국교회를 살리는 복된 걸음이 될 것입니다. 조부모님들을 응원합니다!

관계의 복을 누리는
손자녀

좋은 목회자를 만나는 손자녀

"이 섬긴 바가 자기를 위한 것이 아니요 너희를 위한 것임이 계시로 알게 되었으니 이것은 하늘로부터 보내신 성령을 힘입어 복음을 전하는 자들로 이제 너희에게 알린 것이요"(벧전 1:12 상반절).

화평케 하시는 하나님,
사랑하는 손자녀 _____ 에게
만남의 축복을 주셔서
어디를 가든지 믿음의 사람들을 만나게 하시고
주 안에서 깊은 사랑의 교제를 나누게 하소서.
대인관계 속에 진실과 사랑이 있게 하시고
따뜻한 관계가 유지되게 하소서.

신앙의 롤모델로 삼을 좋은 목회자를 만나게 하시고
앎과 삶이 일치하는 목회자를 보면서
자신을 돌아보고 겸손히 배우게 하소서.

사랑하는 손자녀 _____ 를
교회와 공동체 안에서
선한 일꾼으로 세워 주시고
목회자를 기도로 섬기며 돕게 하소서.

많은 사람을 하나님께로 인도하며
빛나는 별과 같이 하늘의 지혜로 충만한
주님의 자녀 되게 하소서.
하나님의 계시를 보는 영적인 눈을 열어 주시고
진리를 옳게 분별하는 영을 허락하소서.

선한 목자이신
예수님의 이름으로 기도합니다. 아멘.

년 월 일

믿음의 선배와 교제하는 손자녀

"내가 그리스도를 본받는 자가 된 것 같이
너희는 나를 본받는 자가 되라"
(고전 11:1).

인생을 주관하시는 하나님,

사랑하는 손자녀 _____ 가

인생을 살아가면서

믿음의 스승과 선배를 만나기 원합니다.

고민과 갈등이 있을 때 찾아가 마음을 나눌

따뜻하고 현명한 믿음의 사람들을 만나게 하소서.

진실한 교제를 통해

마음에 위로와 힘을 얻고

인격이 다듬어지고 전인적인 성장이 일어나며

매일 일용할 하늘의 양식으로 영적 축복을 누리게 하소서.

손자녀의 삶에서 경험한 은혜를 나누며
하나님의 놀라우신 역사와 섭리를
신실하게 고백하게 하소서.

사랑하는 손자녀 _____ 가
믿음의 공동체 안에서
함께 하나님을 예배하고
예수님의 마음을 본받는 손자녀 되게 하소서.
훗날 후배에게 나를 본받으라고 말할 수 있는
믿음의 선배, 좋은 스승 되게 하소서.

우리를 변함없이 사랑해 주시는
예수님의 이름으로 기도합니다. 아멘.

24일

년 월 일

믿음의 친구와 성장하는 손자녀

"예수께서 그들의 믿음을 보시고 중풍병자에게 이르시되
작은 자야 네 죄 사함을 받았느니라 하시니"
(막 2:5).

사랑과 지혜가 풍성하신 하나님,
사랑하는 손자녀 _____ 가
악한 친구들과의 사귐을 거부하게 하시고
진정한 친구이신 예수님을 꼭 붙잡게 하소서.
믿음이 좋은 친구를 만나게 하시고
이들과 우정을 쌓고 성장해 가며
친구를 위해 진심으로 기도하는 중보자가 되게 하소서.

서로를 경쟁 상대로 생각하지 않고
장점을 발견하고 세워 주며
함께 웃고 함께 우는 참된 우정을 갖게 하소서.

하나님이 보여 주시는 꿈과 비전을 발견하고
응원하고 도전하는 관계가 되게 하소서.

불의를 보고 외면하지 않게 하시고
도움을 구하는 친구들의 손을 기꺼이 잡아 주는
마음이 따뜻한 손자녀가 되게 하소서.

사랑하는 손자녀 _____ 의 삶에
하나님의 말씀을 실천하는 용기를 주시고,
믿음의 이야기를 함께 써 내려갈
좋은 친구를 만나게 하소서.

우리를 친구라 불러 주신
예수님의 이름으로 기도합니다. 아멘.

복된 가정을 이루는 손자녀

"거기 곧 너희의 하나님 여호와 앞에서 먹고 너희의 하나님 여호와께서
너희의 손으로 수고한 일에 복 주심으로 말미암아
너희와 너희의 가족이 즐거워할지니라"(신 12:7).

가정의 주인이신 하나님,
하나님의 섭리 안에서
자녀가 가정을 이루게 하시고
귀한 태의 열매인 손자녀를 허락하시니 감사합니다.

사랑하는 손자녀 _____ 가
가정이라는 울타리 속에서
몸과 마음이 건강하고 안정감 있게 자라게 하소서.

부모의 헌신을 통해 하나님의 사랑을 깨닫게 하시고,
조부모의 지혜를 통해 하나님의 인애를 깨닫게 하소서.

어른을 존경하며
권위에 순종하는 법을 배우게 하시고
가정은 서로가 소중히 가꾸어야 하는
정원임을 알게 하소서.
하나님의 다스리심 안에서
즐거움을 누리는 주님의 가정 되게 하소서.

하나님 말씀을 가정의 기준으로 삼고
하나님을 예배하는 믿음의 가정 되게 하소서.
가정의 크고 작은 기도 제목에 응답하여 주시고
손자녀 양육에 필요한 지혜와 물질을 채워 주소서.
성령님의 인도하심과 보호하심에 감사하고
서로에게 쉼과 힘을 주는 가정 되게 하소서.

우리 가정의 주인이신
예수님의 이름으로 기도합니다. 아멘.

년　　월　　일

평화의 도구가 되는 손자녀

"너희가 행할 일은 이러하니라 너희는 이웃과 더불어
진리를 말하며 너희 성문에서 진실하고 화평한 재판을 베풀고"
(슥 8:16).

평화의 왕이신 하나님,
사랑하는 손자녀 _____ 가 하나님을 사랑하듯
이웃을 자기 몸과 같이 사랑하며 살게 하소서.
편협한 생각과 자기중심적인 마음을 버리고
예수님의 사랑을 받은 자로
이웃에게도 그 사랑을 베풀게 하소서.

사랑하는 손자녀 _____ 를
평화의 도구로 사용하여 주소서.
이웃의 어려움과 고난을 외면하지 않고
손을 내밀며 시간을 내어 주는 선한 이웃이 되게 하소서.

손자녀가 가는 곳마다 화평케 하시고
진리를 말함으로 생명이 살아나게 하소서.

아침마다 말씀과 기도로
성령의 옷을 입고
성령의 열매들을 맺어가게 하소서.
하나님이 손자녀에게 주신 은사를
오늘 하루 아름답게 사용하여
이웃을 섬기고 세상을 변화시키는
멋진 그리스도인이 되게 하소서.

존귀하시고 진실하신
예수님의 이름으로 기도합니다. 아멘.

하나님과 이웃을 사랑하는 손자녀

"또 마음을 다하고 지혜를 다하고 힘을 다하여
하나님을 사랑하는 것과 또 이웃을 자기 자신과 같이 사랑하는 것이
전체로 드리는 모든 번제물과 기타 제물보다 나으니이다"(막 12:33).

온 세상을 창조하신 하나님,
사랑하는 손자녀 _____ 가
자신을 지으시고 이 땅에 태어나게 하신
창조주 하나님을 경외하게 하소서.
이 세상 그 무엇보다 하나님을 사랑하고
찬양하고 예배하는 일에 최우선을 두게 하소서.

마음과 뜻과 힘을 다하여 하나님을 사랑하고
그 사랑을 다른 것에 빼앗기지 않게 하소서.
순종이 제사보다 나음을 알고
하나님 말씀에 순종하는 마음을 갖게 하소서.

사랑하는 손자녀 _____ 가
하나님 사랑과 이웃 사랑에 균형을 이루어
주님의 십자가를 따르는 삶을 살게 하소서.

상한 감정과 거친 언행으로
타인에게 상처를 주는 사람이 아니라
선한 마음과 복된 입술로 이웃을 섬기는
예수님의 작은 제자가 되게 하소서.

나 자신만 바라보는 제한된 시야를 벗어나
온누리를 다스리시는 주님을 바라보며
세계와 열방을 품는 뜨거운 사명자가 되게 하소서.

영생을 선물로 주신
예수님의 이름으로 기도합니다. 아멘.

년　월　일

담장을 넘는 복의 통로인 손자녀

"요셉은 무성한 가지 곧 샘 곁의 무성한 가지라
그 가지가 담을 넘었도다"
(창 49:22).

복의 근원이신 하나님,
사랑하는 손자녀 _____ 가
세상이 말하는 복이 아닌
하나님이 주시는 참되고 영원한 복을 소망하게 하소서.
요셉처럼 하나님과 동행하고 의지함으로
손자녀가 어느 곳에 가든지 형통하게 하시고
좋은 열매를 맺게 하소서.

사랑하는 손자녀 _____ 가
하나님이 주시는 평안을 평생 누리게 하시고
하나님이 기뻐하시는 선한 뜻을 가슴에 품게 하소서.

시냇가에 심은 나무가
시절을 따라 과실을 맺음같이
사랑하는 손자녀 _____ 가
영적으로 메마르지 않고
풍성한 생명을 누리게 하소서.
손자녀 안의 풍성함을 다른 사람에게 나누는
축복의 통로가 되게 하소서.

좋은 선생님과 친구들,
좋은 배우자를 만나게 하시고
인생의 걸음마다 복된 곳으로 인도하여 주소서.
하나님이 베푸신 은혜에 만족하며
항상 감사를 고백하고 행복한 마음을 갖게 하소서.

기도에 응답하시는
예수님의 이름으로 기도합니다. 아멘.

조부모의 신앙 전수 사명 ❹

내가 만난 하나님을 손자녀에게 전하겠습니다

하나님은 조부모인 우리를 평생 신실하게 인도하셨습니다. 그 은혜의 여정 가운데 나의 삶에 소망과 능력을 안겨 준 찬양은 무엇인가요? 나를 건지시고 새롭게 하신 은혜의 말씀은 어떤 구절인가요? 조부모에게는 주님과 동행해 온 수많은 간증과 믿음의 역사가 있습니다.

이스라엘 백성이 출애굽을 할 때, 하나님은 애굽에 10가지 재앙을 내리십니다. 그때, 처음 난 것을 구별하여 하나님께 드리는 이유를 자녀들이 물어보고, 부모와 조부모가 이에 대답합니다.

"후일에 네 아들이 네게 묻기를 이것이 어찌 됨이냐 하거든"(출 13:14 상반절).
"바로가 완악하여 우리를 보내지 아니하매 … 처음 난 모든 수컷들은 내가 여호와께 제사를 드려서 내 아들 중에 모든 처음 난 자를 다 대속하리니"(출 13:15).

이런 상황은 여호수아가 요단강을 건널 때도 나타납니다.

"이것이 너희 중에 표징이 되리라 후일에 너희의 자손들이 물어 이르되 이 돌들은 무슨 뜻이냐 하거든 그들에게 이르기를

… 이 돌들이 이스라엘 자손에게 영원히 기념이 되리라 하라 하니라"(수 4:6-7).

조부모 세대는 하나님이 허락하신 놀라운 신앙의 경험을 간직하고 있습니다. 조부모는 은혜의 이야기를 후대에 전해야 합니다. 또한 우리 자녀와 손자녀는 그 이야기를 반드시 들어야 합니다.

- 예수님을 처음 믿게 된 이야기
- 어려울 때 나를 찾아오셔서 도우시고 회복하신 하나님 이야기
- 제일 좋아하는 찬양과 그 이유에 관한 이야기
- 가장 사랑하는 말씀을 함께 읽고, 손자녀에게 그대로 이뤄지길 축복하는 이야기
- 예수님을 믿으며 가장 행복했던 순간에 관한 이야기

이와 같은 찬란하고 아름다운 조부모의 이야기가 전해질 때 손자녀들은 아래와 같이 고백할 것입니다. 가정마다 이 믿음의 선포가 넘치기를 소망합니다.

"여호와는 나의 힘이요 노래시며 나의 구원이시로다 그는 나의 하나님이시니 내가 그를 찬송할 것이요 내 아버지의 하나님이시니 내가 그를 높이리로다"(출 15:2).

+

장래가 열리는
손자녀

+

때를 따라 돕는 은혜의 단비를 맞는 손자녀

"여호와께서 너를 위하여 하늘의 아름다운 보고를 여시사
네 땅에 때를 따라 비를 내리시고 네 손으로 하는 모든 일에 복을 주시리니
네가 많은 민족에게 꾸어줄지라도 너는 꾸지 아니할 것이요"(신 28:12).

우리의 형편과 처지를 아시는 하나님,
사랑하는 손자녀 _____ 가
하나님이 주신 은사를 발견하고
하나님의 뜻 가운데서
인생의 비전을 찾게 하소서.
비전의 이유이신 주님을 전심으로 찾게 하시고
그 여정을 성실하게 살아갈 힘을 주소서.

크고 작은 장애물 앞에 담대한 마음을 주시고
때를 따라 단비를 내리시는 하나님을 의지하며
그분 앞에 무릎 꿇는 손자녀가 되게 하소서.

모든 일에 형통의 복을 주셔서
손자녀의 삶에 주님이 드러나게 하시고
세상 사람들이 살아계신 하나님을 인정하게 하소서.

믿음의 배우자를 만나
아름다운 가정을 이루게 하시고
이웃과 세상을 향해 나누고 베푸는
물질과 마음의 여유를 허락하소서.

사랑하는 손자녀 _____ 가
언제나 가장 좋은 것으로 채우시는 하나님을 믿고
감사와 만족을 배우며
하나님이 주시는 참된 행복을 누리게 하소서.

풍성하게 채워 주시는
예수님의 이름으로 기도합니다. 아멘.

년 월 일

힘과 방패이신 하나님을 경험하는 손자녀

"여호와는 나의 힘과 나의 방패이시니 내 마음이 그를 의지하여
도움을 얻었도다 그러므로 내 마음이 크게 기뻐하며
내 노래로 그를 찬송하리로다"(시 28:7).

크고 위대하신 하나님,
범죄와 유혹으로 가득한 세상에서
사랑하는 손자녀 _____ 가
시험에 빠지지 않게 하시고
사고와 위험 속에서 큰 아픔과 어려움을 당하지 않도록
하나님이 지키시고 보호하여 주소서.

좌절하고 낙심할 때
큰 힘이 되어 주시고
손자녀가 위험한 순간을 만날 때
방패가 되소서.

하나님이 주신 말씀의 검을 가지고
악한 세력을 대적하며 살게 하시고
언제나 하나님만을 의지하며 승리하게 하소서.

사랑하는 손자녀 _____ 가
모든 염려와 두려움과 불안이 사라지고
하나님이 주시는 샘솟는 기쁨으로 충만하며
감사와 찬양이 끊이지 않게 하소서.

하나님과 사람 앞에서 당당하게 서는
건강한 자존감과 자신감을 주소서.
하늘의 시선과 주님의 마음을 읽어
삶의 지경이 넓어지는 복된 인생이 되게 하소서.

복의 근원이신
예수님의 이름으로 기도합니다. 아멘.

31일 년 월 일

전문성과 은사를 발휘하는 손자녀

"너희도 우리를 위하여 간구함으로 도우라
이는 우리가 많은 사람의 기도로 얻은 은사로 말미암아
많은 사람이 우리를 위하여 감사하게 하려 함이라"(고후 1:11).

공의로우신 하나님,
사랑하는 손자녀 _____ 만이 지닌
특별한 재능을 선물로 주셔서 감사합니다.
숨은 재능까지도 발견하고 개발하여
전문성을 가지고 사회의 필요한 곳에 사용되게 하시고
하나님 나라의 확장을 위해 쓰임받게 하소서.

하나님이 주신 은사를 깨닫고
교회를 온전하게 세우게 하시고
공동체의 지체들과 연합하여
하나님이 주신 사명을 잘 감당하게 하소서.

겸손한 마음으로 많은 사람을 섬기고
기도에 더욱 힘쓰는
사랑하는 손자녀 _____ 가 되게 하소서.

믿음과 실력이 좋은 지도자를 만나게 하셔서
꼭 필요한 지식을 배우고 조언을 얻으며
실력을 키워가게 하소서.

손자녀의 때를 따라 도우시는 하나님을 경험하고
인생의 희락과 삶의 보람을
매 순간 느끼게 하소서.

복된 만남을 주시는
예수님의 이름으로 기도합니다. 아멘.

시온의 대로가 열리는 은총을 얻는 손자녀

"주께 힘을 얻고 그 마음에
시온의 대로가 있는 자는 복이 있나이다"
(시 84:5).

영광을 받기에 합당하신 하나님,
하나님의 뜻 안에서 손자녀를 이 땅에 보내시고
구원의 은총을 주시니 감사합니다.

사랑하는 손자녀 _____ 가
이 세상에서 빛과 소금의 역할을 감당하며
천국의 소망을 품게 하소서.

하나님의 주권과 통치를 인정하고
먼저 하나님 나라와 의를 구하며 살 때
시온의 대로가 열리는 축복을 경험하게 하소서.

사랑하는 손자녀 _____ 가
세상의 넓고 화려한 길에
마음을 빼앗기지 않게 하시고
비록 좁은 길일지라도
기꺼이 주님이 원하시는 길로 가게 하소서.

그 길을 찾는 이가 많지 않아 외로울 때
예수님이 친밀하게 동행하여 주시고
손자녀의 마음에 평안과 새 힘을 주소서.
말씀과 기도로 건강하게 자라
아름다운 열매를 맺는 의의 나무가 되게 하소서.

길과 진리와 생명이신
예수님의 이름으로 기도합니다. 아멘.

목자이신 주님 품에 안기는 손자녀

"그는 목자 같이 양 떼를 먹이시며
어린 양을 그 팔로 모아 품에 안으시며
젖먹이는 암컷들을 온순히 인도하시리로다"(사 40:11).

환난 가운데에서 보호하시는 하나님,
사랑하는 손자녀 _____ 에게
악한 영과 나쁜 생각들이 틈타지 않도록
보호하시고 지켜 주소서.
감사와 찬양이 끊이지 않는
주님의 거룩한 자녀가 되게 하소서.

양을 품에 안으시는 목자처럼
사랑하는 손자녀 _____ 를 품에 안아 주시고
일평생 하나님의 품에
안전히 거하게 하소서.

세상의 이리로부터
손자녀를 안전하게 보호하시고
쉴만한 물가와 푸른 초장으로 인도하소서.

사랑하는 손자녀 _____ 가
진리 안에서 자유를 맛보게 하시고
두려움을 떨치고 주님의 샬롬을 경험하게 하소서.
놀라우신 하나님의 사랑과 은총을
찬양하는 인생이 되게 하소서.

선한 목자이신
예수님의 이름으로 기도합니다. 아멘.

예비하시는 하나님을 찬양하는 손자녀

"여호와께서 이미 큰 물고기를 예비하사
요나를 삼키게 하셨으므로
요나가 밤낮 삼 일을 물고기 뱃속에 있으니라"(욘 1:17).

이 세상을 주관하시는 하나님,
한 치 앞을 모르는 인생 가운데 찾아오셔서
주님의 의로운 오른손으로 붙드시고
갈 길을 인도해 주시니 감사합니다.
사랑하는 손자녀 _____ 가
하나님의 깊은 사랑을 깨닫고
일평생 하나님만 사랑하며 살게 하소서.

전능하신 하나님을 믿고
필요를 채우시며 예비하시는 하나님을
인생 안에서 발견하게 하소서.

부모의 손길이 미치지 못하는 순간일지라도
참부모이신 하나님이
친히 만나 주소서.

사랑하는 손자녀 _____ 가
하루를 기도로 시작하고
감사로 마무리하는
하나님의 자녀가 되게 하시고,
예배하는 삶을 통해 영육이 강건해지고
찬양을 통해 하나님을 영화롭게 하소서.

영생을 선물로 주신
예수님의 이름으로 기도합니다. 아멘.

35일   년   월   일

치료의 하나님을 경배하는 손자녀

"이르시되 너희가 너희 하나님 나 여호와의 말을 들어 순종하고
내가 보기에 의를 행하며 내 계명에 귀를 기울이며 내 모든 규례를 지키면
내가 애굽 사람에게 내린 모든 질병 중 하나도 너희에게
내리지 아니하리니 나는 너희를 치료하는 여호와임이라"(출 15:26).

말씀으로 새롭게 하시는 하나님,
사랑하는 손자녀 _____ 가
성령의 감동으로 기록된 성경을
더 사랑하여 늘 가까이하게 하소서.
말씀 속에서 위대하고 신실하신 하나님을 알고
하나님 말씀대로 순종하는 복된 삶을 살게 하소서.

육체적으로 정신적으로 늘 강건케 하시고
모든 질병과 위험으로부터 손자녀를 지켜 주소서.
혹 병상의 고고함 가운데 있을지라도
주님의 치유하심과 회복의 은혜를 경험케 하소서.

절망과 좌절의 모든 어두운 세력들을 물리치시고
상처와 아픔이 깨끗이 낫는
주님의 은혜를 맛보게 하소서.

사랑하는 손자녀 _____ 가
치유하시는 하나님을 경험하고
기쁨의 경배를 드리게 하소서.

아침 햇살과 같은 주님의 넘치는 능력을 부어 주시고
저녁 노을과 같은 주님의 따뜻한 마음을 부어 주소서.
주님이 손자녀에게 부어 주신 담대한 능력으로
이 세상을 힘있게 살아가게 하소서.

치유하시고 회복시키시는
예수님의 이름으로 기도합니다. 아멘.

조부모의 신앙 전수 사명 ❺

함께 만드는 가정 사명문

　기독교 가정에는 믿음의 가훈이 필요합니다. 사도바울이 온갖 어려움 속에도 끝까지 완주할 수 있었던 것은 달려갈 길이 분명했기 때문입니다. 목적이 확실했기 때문입니다. 믿음의 목표가 있는 가정은 연단이 찾아와도 마침내 소망으로 바뀝니다.
　자녀들과 함께 우리 가정의 주인이신 하나님을 향한 사명문을 만드십시오. 그리고 온 가족이 선포하십시오. 다음은 가정 사명문의 예시입니다.

- 우리 가정은 하나님이 주인이심을 믿음으로 고백하는 복음의 통로가 되겠습니다.
- 우리 가정은 어떤 상황에서도 온 식구가 오직 하나님만을 섬기겠습니다.
- 우리 가정은 믿음, 소망, 사랑이신 예수님을 닮아가겠습니다.
- 우리 가정은 하나님 나라를 꿈꾸며, 복음을 전하는 가정이 되겠습니다.

⟨예시⟩

가 정 사 명 문

우리 가정은
하나님을 사랑하는 믿음의 가정으로
다음과 같은 약속을 하나님께 드립니다.

_____

_____

_____

년   월   일

서약 서명자

_____

책의 맨 뒷 페이지에 절취 사용 가능한 ⟨가정 사명문⟩이 있습니다.

+

전신 갑주로 무장한
손자녀

+

하나님의 전신 갑주를 입는 손자녀

"끝으로 너희가 주 안에서와 그 힘의 능력으로 강건하여지고
마귀의 간계를 능히 대적하기 위하여 하나님의 전신 갑주를 입으라"
(엡 6:10–11).

우리를 승리의 군사로 불러 주신 하나님,
완악하고 패역한 문화가
우리를 짓누르는 것 같은 이 세상에서
하나님의 전신 갑주를 힘입는
사랑하는 손자녀 _____ 가 되게 하소서.
어떤 영적인 싸움에도 흔들리지 않고
하나님의 승리를 굳게 믿는 담대함을 허락하소서.

믿음의 싸움은 하나님 손에 달려 있음을 고백하며
날마다 공급하시고 도우시는
하나님의 손길을 만나게 하소서.

사랑하는 손자녀 _____에게
영적 분별력을 허락하셔서
믿음의 선한 싸움에서
풍성한 승리를 경험하게 하소서.

일상에서 작은 승리들을 맛보며
큰 영적 전투에서도
넘어지지 않고 요동하지 않아
달려갈 길을 마치고 믿음을 지키게 하소서.
마침내 의의 면류관이
예비되어 있음을 바라보며
하나님만을 사모하는 믿음의 일꾼 되게 하소서.

필요한 전신 갑주를 모두 채워 주시는
대장 되신 예수님의 이름으로 기도합니다. 아멘.

진리의 허리띠를 굳게 맨 손자녀

"그러므로 하나님의 전신갑주를 취하라
이는 악한 날에 너희가 능히 대적하고 모든 일을 행한 후에 서기 위함이라
그런즉 서서 진리의 너희 허리 띠를 띠고"(엡 6:13-14 상반절).

승리의 나팔을 불게 하시는 하나님,
사랑하는 손자녀 _____ 가
새로운 아침을 맞이할 때마다
하나님을 의지하며 신뢰하는 마음을 부어 주소서.

진리의 허리띠를 굳게 매어
하나님이 부르실 때
언제나 '아멘'으로 화답하게 하시고,
사무엘처럼 하나님께 더욱 가까이 나가는
반석 같은 믿음으로 빚어 주소서.

거짓과 탐욕이 가득한 세상에서
진리의 허리띠로 무장하여
악한 영의 거짓과 속임수에 넘어지지 않고
단단히 서도록 인도하소서.

하나님께 진실한 마음을 품어
선한 일에는 빠른 결단으로 나아가게 하시고
미혹의 상황에서는 분별하여
걸음을 멈추게 하셔서
온전한 믿음의 반석 위에 세워지게 하소서.

은혜와 진리이신
예수님의 이름으로 기도합니다. 아멘.

년   월   일

의의 호심경으로 견고한 손자녀

"그런즉 서서 진리로 너희 허리 띠를 띠고
의의 호심경을 붙이고"
(엡 6:14).

마음과 생각을 지키시는 하나님,
이 시간 사랑하는 손자녀 _____ 의
모든 상황과 형편을 잘 아시오니
견고하고 단단한 바위 위에 붙들어 주시고
흔들리지 않고 중심을 잡는 삶이 되게 하소서.

의의 호심경을 손자녀의 마음 판에 붙임으로
어떠한 사탄의 거짓된 공격도
막을 수 있는 의연함을 주소서.
자신의 감정 상태를 잘 이해하는 능력과
순간적인 감정을 잘 다룰 수 있는 성숙함을 주소서.

손자녀에게 두려운 마음이나 생각이 찾아올 때도
모든 지각에 뛰어나신 하나님의 평강이
그리스도 예수 안에서
사랑하는 손자녀 _____ 를
끝까지 인도하심을
믿고 고백하게 하소서.

다윗이 골리앗 앞에서 두려운 마음이 아니라
하나님의 의로움으로 가득 채운 것처럼
결코 뒤돌아서거나 물러서지 않는
믿음의 사람, 담대한 사람, 열정의 사람이 되게 하소서.

언제나 지키시고 보호하시는
예수님의 이름으로 기도합니다. 아멘.

년   월   일

평안의 복음이 준비한 신을 신은 손자녀

"평안의 복음이
준비한 것으로 신을 신고"
(엡 6:15).

발걸음을 인도하시는 하나님,
사랑하는 손자녀 _____ 의 걸음마다
하나님이 동행하심을 경험하며
뒤돌아서는 삶이 아닌
주님 뜻에 순종하여
힘차게 걸어가는 담력을 주소서.

전투에 임한 군인이 때로 거친 길을 오를 때
튼튼한 신발이 그들을 보호하는 것처럼
단단하고 견고한 능력과 사랑으로
손자녀의 여정을 붙드시고 책임져 주소서.

평안의 복음을 전파하는 발걸음이 되게 하시고
믿음의 행진처럼 기쁨과 감격이 넘치게 하시며
좋은 소식을 전하는 아름답고 멋진 발이 되게 하소서.

사랑하는 손자녀가 하나님과의 화평을 먼저 이루며
이웃과의 화평도 이루게 하소서.
평화를 위해 담대하게 앞장서며
때로는 겸손하게 낮출 수 있는
균형을 가진 주님의 사람 되게 하소서.

평생 주님 안에서 참된 평안을 누리며
모든 것이 주님의 은혜임을 널리 선포하는
복음의 사람으로 인도하소서.

복된 소식을 증거하게 하시는
예수님의 이름으로 기도합니다. 아멘.

믿음의 방패로 든든한 손자녀

"모든 것 위에 믿음의 방패를 가지고
이로써 능히 악한 자의 모든 불화살을 소멸하고"
(엡 6:16).

방패가 되시는 하나님,
이 세상의 수많은 유혹과 영적인 공격이
마치 사방에서 쏟아지는 불화살과 같을 때
사랑하는 손자녀 _____ 에게
피할 수 있는 순발력과 판단력을 주시고
믿음의 방어벽으로 넉넉히 막아내게 하소서.

혼탁한 세상에서 진리를 지키는 의로움을 품어
이단과 같은 잘못된 교리를 정확히 분별함으로
예수님을 믿는 도리가 흔들리지 않고
날마다 굳건하게 세워지게 하소서.

손자녀의 삶에 찾아오는 어려운 상황과
낙심하게 만드는 시련을
능히 이겨내게 하소서.
의심이 밀려올 때는 진리를 붙들어
믿음의 선한 싸움에서 승리하도록 인도하소서.

사랑하는 손자녀 _____ 가
창조주 하나님을 믿음으로 고백하며
논리와 이성을 뛰어넘는
하나님의 섭리 앞에
자신의 의지와 마음을 다 드리게 하소서.

모든 것을 이기게 하시며, 승리의 이유이신
예수님의 이름으로 기도합니다. 아멘.

년 월 일

구원의 투구를 쓴 손자녀

"구원의 투구와 성령의 검
곧 하나님의 말씀을 가지라"
(엡 6:17).

사랑하는 손자녀 _____ 의
생각과 판단을 이끄시는 하나님,
하나님을 멀리하는 세상의 문화와
진리를 끊임없이 흔들려는 속임수 가운데서도
보호하시는 주님의 손길을 허락하여 주소서.

손자녀의 지혜와 생각이 자라고 넓어질 때마다
하나님을 향한 지혜와 총명도 깊어지게 하셔서
구원의 확신이 점점 더 견고해지게 하소서.
때로는 악인들이 승리하는 것처럼 보일 때도
불의함이 세상을 덮는 것 같을지라도

하나님이 허락하신 구원의 약속을 굳게 믿으며
믿음의 자리, 은혜의 자리를
끝까지 지키게 하소서.

예수님 안에서 결코 정죄함이 없음을 고백할 때
생명의 성령의 법이
죄와 사망의 법에서 손자녀를 해방시키는
완전한 자유의 기쁨을 누리게 하소서.

그리하여 육신의 일을 따르는 삶이 아니라
성령의 일을 따르게 하셔서,
하나님을 기쁘시게 하는 일들을 날마다 행함으로
세상이 줄 수 없는 생명과 평안을 누리게 하소서.

구원의 기쁨과 감격을 허락하시는
예수님의 이름으로 기도합니다. 아멘.

성령의 검을 가진 손자녀

"성령의 검
곧 하나님의 말씀을 가지라"
(엡 6:17 하반절).

중보자와 위로자이신 하나님,
성령님을 선물로 보내 주시고
풍성한 은혜를 누리게 하시니 감사를 드립니다.
사랑하는 손자녀 _____ 의 삶에
말씀의 능력을 허락하셔서
치열한 영적인 전투가 벌어질 때도
위기의 순간을 맞이할 때도
말씀을 붙잡고 승리하게 하소서.

악한 영의 유혹을
말씀으로 물리치신 예수님처럼

말씀이 가장 강력한 삶의 무기이자 안내자가 되어
좌우에 날 선 예리한 검처럼
손자녀를 지키시고 보호하여 주소서.

말씀을 대할 때, 듣는 마음을 허락하시고
말씀을 볼 때, 이해하고 깨닫게 하시고
말씀을 암송할 때, 심령에 기록되어
평생 말씀 앞에 순종하는 삶이 되게 하소서.
삶의 경험이 풍성해질수록
말씀을 따라 사는 삶이 얼마나 위대한지
말씀을 선포하는 것이 얼마나 큰 힘이 되는지
말씀을 믿는 것이 왜 가장 놀라운 은혜인지
손자녀의 입술과 삶으로 고백하게 하소서.

말씀이 육신이 되어 우리 가운데 거하시는
예수님의 이름으로 기도합니다. 아멘.

조부모의 신앙 전수 사명 ❻

손자녀와 함께하는 신앙 전수 방법

 손자녀와 함께하는 시간은 조부모에게 더없는 기쁨과 감사를 누리게 합니다. 그 행복한 시간을 더욱 의미 있는 신앙 전수 시간으로 만들면 어떨까요? 조부모와 손자녀가 함께할 수 있는 신앙 전수 방법을 소개합니다.

손자녀와 함께하는 가정예배: 온 가족이 모여서 가정예배를 드립니다. 그때 조부모가 물려 주고 싶은 말씀 한 구절을 선택해 낭독합니다. 왜 이 말씀을 자녀들에게 물려 주고 싶은지 이유도 전해 줍니다.

성경퀴즈대회: 손자녀와 물리적인 거리가 있을지라도 영상 통화가 매우 쉬워졌습니다. 물론 직접 만나면 더할 나위 없이 좋겠지요? 매년 중요한 시점에 가족 행사처럼 만들어도 의미가 있을 것입니다. 미리 준비한 성경퀴즈대회를 열어 함께 성경을 더 알아가는 시간을 갖습니다. 손자녀의 믿음에 작은 씨앗이 뿌려지는 시간이 될 것입니다.

가까운 성지 방문: 각 지역마다 기독교 관련된 성지나 상징물들이 있을 것입니다. 그곳에 함께 방문해서 예수님의 사랑을 확인하는 시간을 갖습니다.

기독교 서점 방문: 기독교 서점에는 기독교 양서와 용품이 많이 있습니다. 최근에는 손자녀들이 좋아할 만한 기독교 보드게임과 성경을 알아 가는 흥미로운 제품도 나와 있습니다. 손자녀와 같이 다녀 오시면 행복한 시간이 될 것입니다.

일일 교사 참여: 손자녀들의 교회학교에 일일 교사로 참여할 기회가 있다면 적극적으로 참여하는 것이 좋습니다. 손자녀의 예배 현장에 참여해서 마음을 다해 축복하고, 말씀을 전하는 시간을 갖습니다. 함께하는 부서 친구들도 행복해 하는 복된 시간이 될 것입니다.

말씀 암송: 손자녀가 아직 어릴 경우, 특히 초등학교 저학년은 장기 기억이 발달하는 중요한 시기입니다. 이때 말씀을 암송한다면 손자녀의 기억력뿐만 아니라 신앙이 성장하게 됩니다. 조부모님 또한 기억력이 좋아지는 복을 누리실 겁니다.

조부모와 함께한 신앙의 기억은 평생 그들의 믿음을 붙드는 강력한 뿌리가 됩니다. 손자녀들이 이전 세대보다 주님을 더욱 잘 섬기는 예배자 되기를 소원합니다.

여호와가 나의 목자이신
손자녀

년 월 일

여호와가 목자이심을 고백하는 손자녀

"여호와는 나의 목자시니
내게 부족함이 없으리로다"
(시 23:1).

나의 목자이신 하나님,
사랑하는 손자녀 _____ 의
어떤 상황과 형편에서도 변함없는 사랑과 자비를
베풀어 주시니 감사를 드립니다.

여호와는 신실하셔서 언약을 결코 잊지 않으시고
끝까지 이루시는 놀라운 분이십니다.
손자녀의 삶 평생에
선한 목자가 되어 주셔서
갈 길을 알지 못해 방황하지 않고
하나님의 인도하심을 받는 믿음의 여정을 걷게 하소서.

필요할 때마다 공급해 주시는 하나님을 만나고
따스한 손길로 안아 주심을 느끼며
언제나 사랑으로 받아 주시는 손길을 경험하게 하소서.

양은 목자를 따를 때만 살아갈 수 있사오니
예수님의 음성을 들으며
주님의 선하신 길을 온전히 따르게 하시고
안전한 길로 걷게 하소서.

인생의 많은 결핍의 순간에서
부족하고 모자라다는 생각이 찾아올 때도
여호와는 나의 목자시니 부족함이 없다는 생명의 고백이
손자녀의 삶 곳곳에서 흘러나오게 하소서.

참된 목자시며 부족함이 없는 길로 인도하시는
예수님의 이름으로 기도합니다. 아멘.

쉴 만한 물가로 인도받는 손자녀

"그가 나를 푸른 풀밭에 누이시며
쉴 만한 물 가로 인도하시는도다"
(시 23:2).

선하신 하나님,
양과 같이 우둔하고 연약한 우리를
푸른 초장으로 인도하셔서 참된 쉼과 넉넉한 꼴을
허락하여 주시니 감사드립니다.

광야를 만날 때 뜨거운 햇빛을 피하게 하시며
거친 세상에서 갈급한 영혼을 채워 주소서.

사랑하는 손자녀 _____ 가 목마를 때마다
영원히 목마르지 않을 생수를 공급해 주셔서
다시 일어날 수 있는 능력을 허락하소서.

손자녀가 지칠 때 피난처가 되어 주셔서
그 어느 곳보다 안전하고 평온한 거처인
포근한 주님의 날개 그늘 밑에 거하며
세상이 알 수 없는 평안을 누리게 하소서.

하나님은 졸지도 주무시지도 않으시며
신실하시고 변함없으심을 고백하게 하시고
모든 환난을 면하게 하시는 하나님을
믿음으로 바라보게 하소서.

푸른 풀밭과 쉴만한 물가로 인도하실 때
순종하며 따라가는 선한 마음을 주시고
그 길을 신뢰하며 의지하는 손자녀가 되게 하소서.

참된 안식과 평안을 주시는
예수님의 이름으로 기도합니다. 아멘.

영혼이 소생하는 은혜를 경험하는 손자녀

"내 영혼을 소생시키고
자기 이름을 위하여 의의 길로 인도하시는도다"
(시 23:3).

사모하는 영혼을 만족하게 하시고
주린 영혼에게 좋은 것으로 채우시는 하나님,
사랑하는 손자녀 _____ 가
전인격적인 강건함을 덧입게 하셔서
마음과 몸과 생각과 인격이
주님의 모습을 닮게 하소서.

손자녀의 삶에서 지치고
힘든 상황을 맞이할 때마다
하나님이 공급해 주시는 힘을 의지하여
다시 일어서고 회복하는 능력을 허락해 주소서.

새로운 일을 도전하려고 결심할 때
얽매이기 쉬운 무거운 짐을 벗어버리고
손자녀 앞에 있는 경주를 인내로써 감당하는
기쁨과 감격으로 인도하소서.

죄악의 길에서는 빠르게 벗어나게 하시고
유혹의 자리에서는 돌아설 용기를 주셔서
영혼이 잘되고 범사에 강건함이 넘치게 하소서.

사랑하는 손자녀 _____ 가
하나님의 의의 길을 담대하게 걸으며
올바른 길을 찾게 하시고
의로운 삶이 무엇인지 깨닫게 하소서.

다시 일어서게 하시며 새롭고 산 길이 되시는
예수님의 이름으로 기도합니다. 아멘.

주의 지팡이와 막대기가 안위하시는 손자녀

"내가 사망의 음침한 골짜기로 다닐지라도
해를 두려워하지 않을 것은 주께서 나와 함께 하심이라
주의 지팡이와 막대기가 나를 안위하시나이다"(시 23:4).

삶의 모든 순간마다 우리와 동행하시는 하나님,
사랑하는 손자녀 _____ 가
어느 곳에 있든지 무엇을 하든지
두려움이 아닌,
능력과 사랑과 절제하는 마음으로 가득한
삶의 여정을 허락하여 주소서.

구원의 기쁨과 감격을 날마다 더하셔서
손자녀의 현재 상황이 아무리 어렵고 힘들지라도
장차 나타날 영광과는 비교할 수 없음을 고백하며
마침내 승리와 구원의 노래를 부르게 하소서.

불안과 염려가 찾아와도 결코 두려워하지 않으며
다윗처럼 주님이 함께하심을
믿음의 입술로 때마다 고백하게 하셔서
자존감과 긍정적인 태도가 앞서게 인도하소서.

사나운 맹수와 같은 악한 영의 공격이 찾아올지라도
주님의 지팡이가 가장 선한 길로 인도하시며
주님의 막대기가 가장 안전한 길로 보호하심을
온전히 신뢰하며 믿음으로 선포하게 하소서.

손자녀의 삶을 책임지시고 안위하시는
하나님의 구체적인 손길을 고백하며
참된 안정과 평안을 누리게 하소서.

우리의 기도에 응답하시며 오른손으로 구원하시는
예수님의 이름으로 기도합니다. 아멘.

잔의 기름이 넘치는 손자녀

"주께서 내 원수의 목전에서 내게 상을 차려 주시고 기름을 내 머리에 부으셨으니 내 잔이 넘치나이다"
(시 23:5).

사랑하는 손자녀 _____ 를
선하게 이끄시는 하나님,
날마다 은혜와 사랑을 베풀어 주시고
자비와 긍휼로 안아 주심에 감사합니다.

사랑하는 손자녀 _____ 가
참된 목자이신 하나님이 주실
승리의 선포를 믿게 하소서.
열린 마음과 굳건한 믿음을 주셔서
부정적인 소리와 거짓의 말을 물리치고
하나님의 승리가 나의 승리임을 외치게 하소서.

예수님이 악한 영과 원수의 시험을
말씀으로 능히 이기신 것처럼
승리의 상을 베풀어 주시는 사랑에
믿음으로 반응하여 하나님만을 의지하게 하소서.

예수님을 "사랑하는 아들이요 내 기뻐하는 자라"
불러 주신 하나님의 음성이 손자녀에게도 생생히 들려
자신이 존귀하고 사랑받는 존재임을 알아
그 사랑에 감사하며 감격하는 마음을 주소서.

하나님께 받은 넘치는 사랑이 손자녀에게만 머물지 않고
이웃과 도움이 필요한 사람들에게
아름답게 흘러가게 인도하소서.

우리를 사랑하사 존귀한 자녀로 불러 주신
예수님의 이름으로 기도합니다. 아멘.

평생에 선하심과 인자하심이 따르는 손자녀

"내 평생에 선하심과 인자하심이
반드시 나를 따르리니"
(시 23:6 상반절).

선한 목자이신 하나님,
손자녀를 가장 안전하고 좋은 길로 인도하시고
풍성한 은혜로 채우시니 감사합니다.

다윗의 평생을 책임지시고 이끌어 주신 것처럼
사랑하는 손자녀 _____ 의
모든 날 모든 순간을 붙들어 주시고
아버지 하나님의 거룩하신 오른손과 팔로
때로는 강하게, 때로는 자상하게 이끌어 주소서.

미래에 대한 소망과 기대가 불투명한 시대에

손자녀의 모든 것을 아시고 이끄시는
하나님을 향한 견고한 믿음이 자리 잡게 하소서.

하나님의 이름을 노래할 때마다
선하신 주님, 좋으신 주님, 친절하신 주님을 느끼고
하나님의 은혜를 감사할 때마다
사랑이 많으신 주님, 나를 잘 아시는 주님을
믿음의 입술로 고백하게 하소서.

그리하여 어떤 상황에도 흔들리지 않는 믿음과
여호와 하나님만을 평생 섬기는 신실함과
나의 목자이신 하나님만을 바라보는 인내가
사랑하는 손자녀의 삶에 넘치도록 맺히게 하소서.

선하시고 인자하신
예수님의 이름으로 기도합니다. 아멘.

년   월   일

여호와의 집에 영원히 거하는 손자녀

"내가 여호와의 집에 영원히 살리로다"
(시 23:6 하반절).

다윗의 평생을 보호하신 하나님,
사랑하는 손자녀 _____ 를
친밀하게 돌보시고 품에 안아 주시는
따스한 은총에 감사를 드립니다.

손자녀가 들어오고 나오는 수많은 공간에서
하나님의 선하신 동행을 경험하며
들어와도 복을 받고 나가도 복을 받게 하소서.

세상에서 가정으로 들어올 때 아버지의 품과 같은
평안과 회복을 경험하게 하시고

복잡했던 생각과 요동치던 감정이 정돈되어
감사로 하루를 마무리하도록 인도하소서.

사랑하는 손자녀 _____ 가
아버지의 집을 사모할 때
미래의 천국을 바라보는 신앙을 가지고
지금 이 땅에서 하나님 나라를 경험하며
과거 하나님의 역사를 기억하고 감사하게 하소서.

마침내 다윗처럼 여호와의 집에 영원히 거하는 소망으로
하나님의 역사를 기대하는 떨림을 지닌 신앙과
하나님의 은혜를 감격하는 눈물의 고백이 담긴
향기롭고 보배로운 예배자로 영원히 살게 하소서.

우리를 가장 좋은 아버지의 집으로 초대하시는
예수님의 이름으로 기도합니다. 아멘.

손자녀를 향한
조부모의 축복

50일

아브라함의 하나님, 손자녀의 하나님이 되소서

"내가 너로 큰 민족을 이루고 네게 복을 주어 네 이름을 창대하게 하리니
너는 복이 될지라 너를 축복하는 자에게는 내가 복을 내리고
너를 저주하는 자에게는 내가 저주하리니 땅의 모든 족속이
너로 말미암아 복을 얻을 것이라 하신지라"(창 12:2-3).

갈 바를 알지 못했던
아브라함의 인생 안에 들어오셔서
믿음이라는 최고의 선물을 주신 하나님!

아브라함의 인생을 통해
내 힘, 내 경험, 내 재산이 나의 믿음의 대상이 아니라
오직 하나님만이 내 믿음의 대상이심을 가르치셨듯,
사랑하는 손자녀 _____ 에게도
그의 인생을 통해 오직 하나님만이
우리 믿음의 대상이심을 가르쳐 주소서.

아브라함의 하나님!
하나님을 향한 믿음이 없던 아브라함을
열국의 아비로 삼으셔서
수많은 믿음의 자녀를 낳게 하신 것처럼
우리 가문의 모든 자녀와 손자녀가
아브라함의 하나님을 경험하고 배우게 하소서.

하늘의 별처럼 바닷가의 모래알처럼
수많은 주님의 백성이 경배하고 찬양할 때
사랑하는 손자녀 _____ 도
하늘의 뭇별처럼
많은 사람을 주님께로 인도하는
빛나는 믿음의 사람이 되게 하소서.

복의 근원이신
예수님의 이름으로 기도합니다. 아멘.

년   월   일

이삭의 하나님,
손자녀의 하나님이 되소서

"여호와께서 이삭에게 나타나 이르시되 애굽으로 내려가지 말고 내가 네게 지시하는 땅에 거주하라 이 땅에 거류하면 내가 너와 함께 있어 네게 복을 주고 내가 이 모든 땅을 너와 네 자손에게 주리라 내가 네 아버지 아브라함에게 맹세한 것을 이루어"(창 26:2-3).

이삭의 하나님!
100세의 아비로부터 태어나
믿음으로 양육받은 이삭의 인생처럼
사랑하는 손자녀 _____ 도 어릴 적부터
견고한 믿음의 양육이 이뤄지게 하소서.

'웃음'이라는 이름의 뜻대로
하나님의 얼굴에 미소를 짓게 한 이삭처럼
사랑하는 손자녀 _____ 도 평생의 소원이
하나님을 웃음 짓게 하는 삶이 되게 하소서.

모리아산 위에서 아비의 칼을 받아낸
순종의 이삭처럼
하나님의 말씀이라면 듣고 나아가는
순종의 손자녀가 되게 하소서.

일평생 하나님의 이름을 부르며
하나님의 음성을 들었던 이삭의 인생처럼
일평생 하나님을 진실로 예배하고
십자가의 도를 실천하는
손자녀가 되게 하소서.

순종의 본을 보이신
예수님의 이름으로 기도합니다. 아멘.

52일

야곱의 하나님, 손자녀의 하나님이 되소서

"전능하신 하나님이 네게 복을 주시어 네가 생육하고 번성하게 하여 네가 여러 족속을 이루게 하시고 아브라함에게 허락하신 복을 네게 주시되 너와 너와 함께 네 자손에게도 주사 하나님이 아브라함에게 주신 땅 곧 네가 거류하는 땅을 네가 차지하게 하시기를 원하노라"(창 28:3-4).

야곱의 하나님!
전능하신 하나님이 베푸실
언약의 축복을 사모한 야곱처럼
전능하신 하나님께 목마른 손자녀의 인생이 되게 하소서.

할아버지 때 허락하신 하나님의 복을 사모하며
일평생 믿음의 자리를 지킨 야곱처럼,
조부모와 함께 해주신 하나님을 기억하며
신앙의 대를 이어 가는
사랑하는 손자녀 _____ 가 되게 하소서.

어떤 시련에도 능히 이겨낼
강한 팔이 있던 야곱처럼
전능하신 하나님이 손자녀와
언제나 함께하여 주소서.

얍복강에서 씨름하며 하나님을 사모한 야곱처럼
사랑하는 손자녀 _____ 가 주님의 복을 사모하여
성령의 열매를 맺게 하소서.

담장 너머로 뻗은 나무가 되게 하시고,
아름다운 하나님의 사람으로
꽃피우는 믿음의 거목이 되게 하소서.

우리의 생명이신
예수님의 이름으로 기도합니다. 아멘.

축복기도　　　　　　　　　　　　　년　　월　　일

손자녀의 온 몸과 영혼을 축복합니다

"사랑하는 자여 네 영혼이 잘됨 같이
네가 범사에 잘되고 강건하기를 내가 간구하노라"
(요삼 1:2).

하나님, 사랑하는 손자녀의 생각과 사고가
주님을 경외하는 것으로 가득 채워지게 하소서.

사랑하는 손자녀의 귓가에
사랑의 음성을 들려주셔서 말씀에 반응하게 하소서.

사랑하는 손자녀의 눈이 하나님의 역사를 바라보게 하시고
악한 것에 시선을 두거나 빼앗기지 않도록 보호하소서.

사랑하는 손자녀의 코가 하나님의 숨결을 느끼고 호흡하며
숨 쉴 때마다 하나님께 감사하는 마음을 품게 하소서.

사랑하는 손자녀의 입이 하나님을 선포하게 하시고
살리는 말과 생명의 말을 전하는 복된 입술 되게 하소서.

사랑하는 손자녀의 마음이 하나님의 마음을 닮게 하셔서
따뜻함과 공감으로 풍성한 사랑을 흘려 보내게 하소서.

사랑하는 손자녀의 손이 하나님의 오른손을 붙들며
다른 이웃의 손을 기꺼이 붙잡는 사랑과 용기를 주소서.

사랑하는 손자녀의 발이 복된 소식을 전하는 걸음이 되어
그 믿음의 발걸음이 힘차고 담대하게 하소서.

손자녀의 몸과 영혼을 잘되고 강건하게 하시는
예수님의 이름으로 기도합니다. 아멘.

사명선언문

너희가 흠이 없고 순전하여······세상에서 그들 가운데 빛들로
나타내며 생명의 말씀을 밝혀 _ 빌 2:15–16

1. 생명을 담겠습니다
만드는 책에 주님 주신 생명을 담겠습니다.
그 책으로 복음을 선포하겠습니다.

2. 말씀을 밝히겠습니다
생명의 근본은 말씀입니다.
말씀을 밝혀 성도와 교회의 성장을 돕겠습니다.

3. 빛이 되겠습니다
시대와 영혼의 어두움을 밝혀 주님 앞으로 이끄는
빛이 되는 책을 만들겠습니다.

4. 순전히 행하겠습니다
책을 만들고 전하는 일과 경영하는 일에 부끄러움이 없는
정직함으로 행하겠습니다.

5. 끝까지 전파하겠습니다
모든 사람에게, 땅 끝까지, 주님 오시는 그날까지
복음을 전하는 사명을 다하겠습니다.

서점 안내

광화문점	서울시 종로구 새문안로 69 구세군회관 1층 02)737-2288 / 02)737-4623(F)
강남점	서울시 서초구 신반포로 177 반포쇼핑타운 3동 2층 02)595-1211 / 02)595-3549(F)
구로점	서울시 동작구 시흥대로 602, 3층 302호 02)858-8744 / 02)838-0653(F)
노원점	서울시 노원구 동일로 1366 삼봉빌딩 지하 1층 02)938-7979 / 02)3391-6169(F)
일산점	경기도 고양시 일산서구 중앙로 1391 레이크타운 지하 1층 031)916-8787 / 031)916-8788(F)
의정부점	경기도 의정부시 청사로47번길 12 성산타워 3층 031)845-0600 / 031)852-6930(F)
인터넷서점	www.lifebook.co.kr

가정사명문

우리 가정은
하나님을 사랑하는 믿음의 가정으로
다음과 같은 약속을
하나님께 드립니다.

- _____
- _____
- _____
- _____

년   월   일

서약 서명자

_____